青春文庫

ドーナツの穴は何のため？

「かたち」の雑学事典

知的生活追跡班［編］

青春出版社

「かたち」を通して見ると、世の中のウラ側が透けて見える！

「硬貨がまるいのはなぜ？」……毎日のように使っているのにもかかわらず、この問いに答えられる人は少ないだろう。

本書は、日常でよく目にしているにもかかわらず、言われてみれば気になるモノや商品、ロゴマーク、記号、看板、食べ物、建物などの「かたち」のなりたちをコンパクトに紹介した一冊だ。

たとえば、爪楊枝に彫ってあるミゾの意外な役割だったり、新幹線の鼻がグングン伸び続けているワケ、排水パイプがSの字に曲がっている理由など、ふだんなら気にもとめないものに目を向けてみると、意外な歴史や開発秘話、与えられた使命など、世の中のウラ側が透けて見えてくる。

オトナも子どもも読んでためになる、知恵と工夫に富んだ世界を堪能していただければ幸いである。

２０２０年11月

知的生活追跡班

ドーナツの穴は何のため？「かたち」の雑学事典◆目次

第1章

あの商品、あのロゴ、あの業界にまつわるかたちの不思議

第3章　ニュースがもっと面白くなるかたちの疑問

第4章

デキる大人は知っている！教養が深まるかたちの話

第5章 〝ヘン〟なものには理由がある！気になるあのかたちのナゾ

制作　新井イッセー事務所
DTP　エヌケイクルー

第1章

あの商品、あのロゴ、あの業界にまつわるかたちの不思議

うまい棒はなぜ真ん中が空洞なのか

駄菓子屋の数が減り、お小遣いを握りしめてお菓子を買い求める子どもの姿をめっきり見かけなくなったが、スーパーやコンビニの棚には、相変わらず駄菓子のコーナーがあり、オトナにも懐かしいロングセラーの商品も置かれている。

その代表選手といえるのが、「うまい棒」だ。

メーカーの公式ホームページによると、プレミアムを合わせれば味は23種類で、チーズやたこ焼き、コーンポタージュなどの定番から、なっとう、シナモンアップルパイ、レモンなどの面白い味のものまで、だれでもお気に入りを見つけることができる。

うまい棒の真ん中には穴が開いているのだが、この穴がうまい棒の低価格を支える重要な役割を果たしている。

うまい棒が工場から小売店に運ばれるまで、当然のことながら長時間の輸送に耐えることになる。軽くて小さいスナック菓子で、袋にそのまま入っているという形態のために輸送中の衝撃をいかに減らすかというのは、輸送コストを抑え、破損などによるロスを防ぐためにも重要な課題だ。

その答えが、真ん中に開けた穴なのである。穴を開けていることで衝撃が分散されて壊れにくくなるのだ。また、穴があることで、サクッとした歯ごたえが増して、食感もよくなるのだという。

税別標準小売価格10円といううまい棒だが、その価格で提供し続けるための企業努力があの棒の中に詰まっているのである。

日清のカップヌードル、カレー味だけ麺が太い理由

即席麺の生みの親・安藤百福《ももふく》が手がけたヒット商品が日清食品のカップヌードル

だ。お湯を注げばどこでも3分で食べられるというコンセプトで、1971年に発売され、1972年の浅間山荘事件のニュース映像で機動隊員が食べていたこともあって大ヒットとなった。

2019年度には国内だけで年間売り上げ1000億円を達成するなど、現在に至るまで根強い人気を誇っている。

発売当初は1種類だったカップヌードルの味も、現在ではバラエティ豊かになっており、人気ランキングでは定番のしょうゆ、シーフード、カレー味などが上位を占めている。

ロングセラー商品に共通しているのが、選ばれ続けるための細部へのこだわりである。当然カップヌードルにもさまざまな工夫が施されているが、ここで注目したいのが麺の太さだ。

ほとんどの種類で麺の太さは約2ミリと決められている。しかし、人気のカレー味だけは3ミリの麺が使われているのだ。

その理由は、濃いスープに麺の味が負けないためだという。麺が太くなればひと口に入る麺の本数は少なくなり、麺の間に絡むスープの量も減る。パンチのきいたカレー味のスープと麺とのバランスがとれるように調整されているのだ。

たしかに、イタリアのパスタも濃い味のソースには太めの麺を合わせることが多い。カップヌードルは、進化を続けながらも料理の基本を忠実に守っている、まさに王道の定番商品といえるのかもしれない。

キッコーマンの醤油びんは有名な工業デザイナーが生んだ傑作だった！

１９６４年に開催された東京オリンピックの選手村で使用され、２００５年にはニューヨーク近代美術館（ＭｏＭＡ）の永久収蔵品に選定されたものは何か。

その答えは、キッコーマンの卓上醤油びんだ。

デザインしたのは榮久庵《えくあん》憲司《けんじ》氏で、戦後日本を代表する工業デザインの第一人者だ。榮久庵氏はキッコーマンの醤油びんのほかにも、アップライトピアノ、郵便ポスト、成田エクスプレス、新幹線「こまち」など、多くのデザインを生み出し、海外にもその名が知れ渡る世界的なインダストリアルデザイナーである。

キッコーマンの醤油びんは発売されてから半世紀以上もそのかたちを変えずに販売されており、旧・通商産業省によるグッドデザイン商品や、ＭｏＭＡの永久収蔵品に選定されたほか、２０１８年には日本における立体商標として登録されるなど、そのデザインは時代や国境を超えて価値を認められている。

立体商標が認められるというのは、簡単にいえば、そのかたちだけでその商品だと見分けることができると認定されるという意味だ。

たしかに、赤いふた、なだらかなカーブを描いたびんは、シンプルながら日本人であれば「あ、キッコーマンの醤油だ」と見分けることができるだろう。このフォルムは「液だれしない」ことを追求した結果、考え出されたデザインだという。

同じく立体商標として認められているものには、ヤクルトの容器、コカ・コーラのガラス製ボトルなどがあり、いずれもひと目でその製品名が浮かぶ優れたデザインのものだ。

あまりにも身近でなじみのあるものだが、スタイリッシュで機能的という工業デザインのお手本のような製品なのである。

かっぱえびせんが１本５センチなワケとは

やめられないとまらない！　というフレーズでおなじみなのがカルビーの「かっぱえびせん」だ。年間総売り上げは１００億円規模で、日本人なら誰もが知っているスナック菓子のひとつである。

おいしさの秘密はいろいろあるようだが、そのかたちにもあとを引くおいしさを出すための工夫が凝らされている。

まずその長さだが、１本＝５センチときちんと決められている。これはカリカリと噛みながら口に入れると、長すぎず短すぎずで、ついついもう１本と食べ続けてしまう長さなのだという。

また、表面のミゾにも決まりがある。えびせんの表面には1本につき10前後のミゾが入っている。このミゾに塩の粒が入り込んで、味が絡みやすくなっているのだ。

かっぱえびせんは1964年に発売され、たちまち大人気の商品となった。しかし、国内では大ヒットをしたものの、次は海外進出だと意気込んでアメリカで発売したところ、結果は惨敗となってしまう。

日本人は世界でまれにみるえび好きの国民で、えびせんの味になじみがあった。しかし、アメリカにはえびを食べる習慣がそれほどなかったために広く受け入れられなかったようだ。

しかし、この経験をバネにしてカルビーが開発したのがポテトチップスだ。フライドポテトが大好きな国民性のアメリカで売るために、試行錯誤の末に大ヒット商品となるポテトチップスを開発したのである。

ヤクルトの小さな容器に込められたやさしい理由

剣持勇といえば、インダストリアルデザイナーという存在を戦後の日本に定着させた巨匠であり、ジャパニーズモダンと称されるその作品の数々は世界中に熱烈な愛好者を持つ。

彼が手がけたデザインの中で、おそらく日本人の多くが最も目にしているものが、あのヤクルトの容器である。くびれのある小さな容器を一度は手にしたことがある人は少なくないのではないだろうか。

１９３５年に販売され始めたヤクルトは、当初はガラスビンで売られていた。現在と同じように、販売員の女性たちがヤクルトのびんを手押し車や自転車の荷台に載せて売り歩いていたのである。

ガラス製の容器は重く、販売や回収はひと苦労だった。しかも、ガラス製のために落とせば割れてしまう。そこで、容器をリニューアルするために白羽の矢が立ったのが、インダストリアルデザインの第一人者だった剣持だったのだ。

容器のデザインを任された剣持が選んだのは、軽くて加工しやすく扱いやすいポリスチレンというプラスチック素材だった。

独特のくびれにも意味がある。これは小さな子どもでも、手の力が弱ったお年寄りでも持ちやすいよう工夫したことだ。また、くびれがあることで、中の液体が口の中に一気に流れ込まないので、少量の容器でも味わって楽しむことができる。

剣持がこのヤクルトのデザインをする際にモチーフにしたのは、日本の伝統工芸品である〝こけし〟だという。

シンプルで優れたデザインは、2008年に経済産業省のグッドデザイン賞を受賞し、2010年には立体商標が認められた。まさにジャパニーズモダンの第一人者が手がけた粋なデザインとして1968年のリニューアル以来、変わらぬ姿で人々に愛され続けているのである。

進化する新幹線の車両はなぜ鼻がグングン伸びるのか

2019年の5月に登場した次世代新幹線アルファエックスの姿を見て、その「鼻」に度肝を抜かれた人は多いだろう。ノーズと呼ばれる先端部分の長さは、じつに22メートルもある。1964年に開業した東海道新幹線の記念すべき最初の車両0系と比べると、約4倍だ。

新しい車両が誕生するたびに少しずつ伸びてきた新幹線の鼻だが、なぜこんなにも伸びるのだろうか。

もちろん、先端を長く鋭くすることでスピードが出るというのは、だれでも想像がつく。しかし、それだけではない。じつはもっと大きな要因は騒音対策なのだ。

山国である日本列島を縦断する新幹線にはトンネルが多い。高速でトンネルに入ると、反対の出口側で「ギューイーン」というものすごい衝撃音が響く。これはトンネルに入ったときの圧力波が原因で発生するのだが、この音がもたらす騒音は常に問題になってきた。

そこで2011年に営業を始めた「E5系」から、先端を流線形の曲線にすることによって空気を流れやすくして、少しでも音を和らげる工夫が始まった。その結果、アルファエックスの長い鼻へとたどり着いたのである。

単に見た目だけの問題ではない。その長すぎるノーズはさまざまな影響をもたらしている。

なぜ新幹線の扉は狭いのか

大きな荷物を持って新幹線に乗るとき、もっと扉が広ければいいのにと思ったことはないだろうか。あるいは、客車に出入りする際、扉を通るときに思わず体を斜めに傾けたことはないだろうか。新幹線の扉はなぜこうも狭いのだろう。

大きな理由のひとつは、車体の強度を保つためだ。扉が大きいということは、それだけ開口部分が広いということになる。そうなるとどうしても車体自体の強度が下がる。そこで安全走行を考えると、なるべく小さな扉のほうがいいのだ。

さらに気圧も重要な要素だ。新幹線はトンネルが多いが、トンネルに入ると気圧が変化してキーンという耳鳴りがする。大きな気圧変化は乗客にも車体にもダメージを与えるので、気密構造にすることで、どこを走っても気圧を一定に保てるようにしたのだ。

そのために扉の幅を狭くして、気圧の変化を最小限におさえているのである。

たしかに多少の不便さはあるものの、しかし幅の狭い扉が新幹線のスピードと車内の快適性につながるのだと思えば、さほど気にならないはずである。

コンビーフの台形缶はなぜ生まれた？

コンビーフとは、味がついている牛肉のことで、いろいろな料理に使われ、非常食やアウトドアでの手軽な食材としても人気がある。そのコンビーフをいっそう有名にしたデザインがある。

それが、ノザキのコンビーフだ。缶詰としては珍しい台形で、独特の〝カギ〟を使って台形の下の部分をクルクルと巻き取りながら開けるやり方には、ほかの缶詰にはない独自性があった。

そんな独特の台形が生まれたワケはこうだ。

肉は、空気に触れると酸化するという欠点がある。じつは、その欠点を補うために台形の缶が生まれたのである。

工場では面積の小さいほうを下にして、広いほうの上から肉を詰めながら同時に空気を抜いていき、肉の酸化を防いでいる。

たしかにノザキのコンビーフを開けると、隙間なく肉がギッシリと詰まっていて、空気の入る余地がない。台形の缶が肉のおいしさを守っているというわけだ。

ただ、あの独特の台形の缶詰は、工場の生産ラインの老朽化のために2020年の1月で製造を終えた。現在は、もう少し開けやすいかたちになっているのだが、おいしさが変わらないのはいうまでもない。

Amazonのロゴマークにある矢印の意味とは？

今や日常生活に不可欠の存在となった企業がAmazonだ。新型コロナの収束がまったく見えない時代となり、自宅で過ごす時間が長くなってますますその利便性が注目されている。

そのＡｍａｚｏｎのロゴマークを思い出してみてほしい。文字の下に矢印のようなものが左から右に向かって描いてある。あれはいったい何なのだろうか。

じつはあの矢印は、Ａ→Ｚを表している。つまり「すべての商品をお届けします」ということの象徴なのだ。

アルファベットの26文字が頭文字となるすべての商品を扱っているとなれば、逆にいえば「無いものは無い」ということになる。まさにＡｍａｚｏｎが自社のプライドをかけたマークなのだ。

そして、多くの人が感じていることだが、その矢印は人が笑ったときの口元にも見える。これはつまり、Ａｍａｚｏｎを利用した人の満足した笑顔を表現しているのである。

まさに、企業の自信と顧客の満足、その両方を表したロゴということになる。

アップル社のロゴのリンゴが欠けているナゾ

多国籍テクノロジー企業であるアップル社のリンゴのマークは、今や世界中で知らない人はいない。

ところで、あまりにも当たり前すぎて見過ごしがちだが、じつはこのリンゴ、だれかが食べたあとのように右側がきれいに欠けている。いったいなぜ、こんなデザインになったのだろうか。

じつは、アップル社が創業した当時のマークは、ニュートンがリンゴの木に寄りかかって本を読んでいる姿をモチーフにしていた。ところが、それでは面白味に欠けるということで、故スティーブ・ジョブズがリンゴそのものをロゴにしたのだ。

そのとき、あえてかじったあとを加えたのは、「かじる」(bite) という言葉を、コンピュータの容量の情報単位である「バイト」(byte) にひっかけたのである。

最初はモノクロだったリンゴは、その後、コンピュータによるカラー出力を宣伝するために6色の縞模様になったが、現在はまた単色に変更されている。

いずれにしても天国にいるニュートンは、リンゴが世界的に有名なロゴになっているとは夢にも思っていないだろう。

マクドナルドのロゴが表しているのはMじゃない？

世界中どこの国に行っても目にするのが、マクドナルドの「M」のロゴだ。海外旅行に来たのはいいが、その土地の料理が口に合わないといったときに、Mのマークを見てホッとした経験のある人も多いのではないだろうか。

ところで、マクドナルドのMは英語のMからきていると信じている人も多いはずだ。しかし、あのMはマクドナルドの頭文字ではないといったら驚くだろうか。それどころか、あのかたちはアルファベットのMでさえないのだ。

じつはあれは、1955年にオープンしたマクドナルドのシカゴ1号店に設置されていた建造物を表している。

その店では看板の上に大きな2本のアーチを作り、目印とした。それが「ゴールデンアーチ」と呼ばれるようになり、マクドナルドのシンボルとなったのだ。それを現在もロゴとして使っているのである。

初心忘れるべからず、という気持ちがこめられているかどうかはわからないが、今も昔も変わることのないおいしさを届けるマクドナルドにふさわしいマークなのだ。

フェデックスのロゴに隠された、とある記号

企業のロゴは、単にその企業名を表しているだけでなく、企業理念や特徴を表現していることが多い。国際宅配便として今や世界中で利用されているフェデックス

のロゴにもそんな「あるもの」が秘められている。

同社のロゴをじっくり見てほしい。パッと見ただけではわからないうえ、存在自体を気づかない人も多い。しかし、よく見ると、ＥとＸの間にできている空間が「矢印」のかたちをしているのだ。

もちろん、この矢印は正確性とスピードを表現している。まさにフェデックスの真髄だ。

ところで、今このページを読んでいるあなたは、このことを知って、だれかに「知ってる？　じつはフェデックスのロゴにはね……」と話したい衝動に駆られていないだろうか。

じつはこれも「作戦」のうちである。街でこのロゴを見かけたら、たいていの人はそのことを人に話して自慢する。それが繰り返されて、フェデックスの名前は世界に広がったというわけだ。

人間の心理を巧みに利用した、心憎いロゴなのである。

ルイ・ヴィトンのモノグラムは日本の家紋がモチーフ？

エルメスやプラダと並んで、世界中の女性を魅了してやまないブランドのひとつがルイ・ヴィトンだ。LとVを合わせた文字に花と星をあしらった有名なロゴは、すぐに目を引く。

ところで、あの模様を見て、なんだか懐かしい気分になった人はいないだろうか。あるいは、どこかで見たことがあるぞと思った人もいるかもしれない。

それもそのはずで、多くの女性が胸をときめかせるあのロゴは、薩摩藩の島津家の家紋を参考にして考案されたものだという。

このモノグラムが使用され出したのは1896年のことである。当時のフランスはまさに「日本ブーム」の真っ只中で、翌年に開かれたパリの万国博覧会には薩摩藩が出展し、家紋の入った品物が展示されていた。その家紋にヒントを得て、ルイ・ヴィトンのモノグラムが考え出されたのだ。

また、カバンや財布などの商品ラインアップの一種であるダミエも日本の市松模様から生まれているという。ルイ・ヴィトンの魅力には、日本的なデザインの血脈が受け継がれているともいえるのだ。

ベンツのエンブレムに秘められた思いとは？

自動車のエンブレムには、社名をそのままデザイン化したものが多い。

その中で高級車の代名詞ともいえるメルセデス・ベンツのエンブレムは、円の中に３本線という特徴的なかたちをしている。このかたちは「スリー・ポインテッド・スター」と呼ばれるが、このかたちにはじつは深い意味があるのだ。

ベンツは１９２６年に、ベンツ＆カンパニーとダイムラー・モトーレンというふたつの企業が合併してできた。

もともとベンツ&カンパニーは月桂樹の葉のマークで、ダイムラーはスリー・ポインテッド・スターのマークを使っていたが、合併によって2つのマークが組み合わされて現在のベンツのエンブレムが生まれたのだ。

そのスリー・ポインテッド・スターには、自分たちが開発したエンジンが陸と海、そして空に向かって飛躍し、世界の頂点になることをめざすというゴットリープ・ダイムラー氏の願いがこめられていた。

その祈りがエンブレムのかたちになって、現在のメルセデス・ベンツにも脈々と受け継がれているのである。

東京スカイツリーの土台が3本脚のワケとは

東京タワーを抜いて今や日本一高い建造物である東京スカイツリーは、じつは3本脚で建っている。「4本でなくて大丈夫なのか?」と不安に思う人も多いが、じつは３本脚にしたのにはこだわりがある。

スカイツリーがある墨田区押上は、浅草や向島などを抱える伝統的な下町で、東武線や地下鉄、さらには水上バスなども行きかう交通の要衝でもある。なんといっても関東大震災が起きる前は、このあたりが東京の繁華街の中心だった。

今でも隅田川、荒川、そして南側の鉄道路線や幹線道路という３本の「都市の軸」に囲まれており、地勢の中心になる。

そこで、「人々がその３本のルートを通ってスカイツリーに集まる」というイメージを大切にするために、あえて３本脚にしたのである。

とはいえ、くどいようだが４本脚のほうが頑丈な気がする。安全性は問題ないのだろうか。じつは、案外知られていないことだが、３本脚は４本脚と比べても遜色のないほど安定している。カメラの三脚がいい例だろう。

しかもスカイツリーは、地上３００メートルから上の部分は三角形ではなく円形になっており、風の影響を受けにくいように工夫されている。

さらに地下にはビル10階分に相当する杭が埋められていて、大きな地震にも耐えられるようになっているのだ。

下町の歴史と伝統、それに人の流れを大切にする精神と、最新の建築技術の結晶として生まれたのがスカイツリーなのである。

電車のパンタグラフがひし形からくの字に変わったワケ

かつては「ひし形」が当たり前だった電車のパンタグラフが、近年「くの字」のタイプに変わりつつあるのをご存じだろうか。

「くの字」のパンタグラフは、正式には「シングルアーム式」と呼ばれる。ひし形だと4辺あるが、くの字だと2辺だけなので、製造コストが格段に安い。それが、くの字が増えている大きな理由のひとつだ。

しかし、そのほかにもいくつかの理由がある。まず「くの字」のパンタグラフは構造がシンプルなので部品が少なく、保守点検のための費用が削減できる。それに、部品が少なければ屋根の上での占有面積が少なくなる。

また、軽量なので架線から離れにくい。これが「ひし形」だと、雪が積もったときには重みで架線から離れて思わぬトラブルになることもあるが、「くの字」だとそれが回避できる。

さらに、部品が少ないことで走行中に風を切る音が小さくなり、騒音を抑えられるというメリットもあるのだ。

ひし形のパンタグラフに風情を感じる鉄道ファンも多いが、これからは、くの字のパンタグラフが新しい〝かたち〟になっていくはずだ。

レールの断面にはなぜクビレがある？

列車の車体をのせるレールは、さぞ頑丈なつくりをしているだろうと思われがちだ。しかし実際には、レールの断面は漢字の「工」に似ていて、左右にくびれがある。列車の重さに耐えられず途中で折れそうな気もするが、なぜ「工」の字をしているのだろうか。

鉄道のレールは最初からこのかたちだったわけではなく、改良を重ねてこのかたちに行き着いた。そういう意味では、これは理想のかたちなのである。

まず、頭部は車輪と接触するので摩耗しやすい。そこで頭部を分厚くすることで、摩耗に耐えられるようにした。また、車両の重さに耐えるために、枕木に接する底部はなるべく広くしてある。

その両方のメリットを活かしたうえでくびれをつくると、材料費を節約できる。そういったさまざまな試行錯誤の結果、すべてのメリットを活かすものとして「工」の字型のレールが生み出されたのだ。

まるいかたちに秘められた山手線のナゾ

都心をぐるりと一周するＪＲ山手線は東京の鉄道網の象徴のような存在だが、素朴な疑問を抱く人も多いのではないだろうか。

なぜ、山手線はまるいのか。

その理由は、山手線の進化の歴史と関係がある。最初の山手線は、１８８５年にまず品川－赤羽間で開業した。これは東北本線と東海道線を結ぶという目的があった。

その後１９０３年に今度は常磐線と結ぶために、池袋－田端間が延長された。このとき池袋－赤羽間が切り離されて、その結果、品川－新宿－田端という半円の路線ができた。「山手線」という名称ができたのはこのときだ。

続いて山手線が京浜線（現在の京浜東北線）に乗り入れたために、東京－新宿－上野の路線が完成し、さらに中央線と山手線の直通運転を開始して、中央線と品川との連絡を可能にした。

そしてついに、１９２５年に東京－上野間が完成して現在の円形の路線ができたのだ。

つまり最初から円形だったわけではなく、周辺の路線との連絡を考えてつないでいき、結果としてまるいかたちになったというわけだ。

じつは現在でも正式な山手線は、品川から新宿を経由して田端へ至る約20キロメートルの部分だけをさす。それ以外の田端－東京間は東北本線、東京－品川間は東海道線が正しい。

JR中央線の線路はなぜまっすぐに走っているのか

東京の鉄道路線図を見ると、あることに気がつく。中央線は東西にまっすぐ伸びているのだ。

ふつう鉄道の路線は地形などに応じて曲がりくねったりするものだが、中央線は東中野から立川までの24・7キロメートルが、気持ちがいいほどの直線を保っている。

なぜこうなったのかというと、話は明治時代までさかのぼる。甲武鉄道という私鉄会社が、東京の中心部と郊外を結ぶ路線をつくろうとしていた。

当初は、甲州街道か青梅街道沿いのルートを考えていたが、どの沿道の住民からも「汽車の煙で体を壊す」「耕地が減ってしまう」「鉄道が通れば宿場がすたれる」など反対の声が相次ぎ、用地買収が進まなかった。とくに当時は、蒸気機関車に対する住民の嫌悪と恐怖はすさまじいものがあった。

そこで甲武鉄道は、青梅街道と甲州街道を避けて、そのど真ん中に鉄道を通すことにした。そして1889年、現在のような一直線の線路が完成したのである。

じつは、用地買収がなかなか進まず、ヤケを起こした工事担当者が地図に定規で赤い線を引き、それがそのまま路線になったという〝言い伝え〟がある。

今となってはそれが本当かどうかはわからないが、たしかに定規で引いたかのような一直線の線路であることは間違いない。

第2章

よく使っているのに知らないかたちの秘密

マヨネーズの口が「星のかたち」になったワケ

一時期「マヨラー」という言葉が流行語になったこともあるほど、マヨネーズは大人にも子どもにも人気の商品だ。マヨネーズの最大手メーカーであるキユーピーの製品は、現在本体の星型の絞り口にかぶせて細い3つ穴のダブルキャップで売られている。

3つ穴のキャップがついたのは2018年のことで、それまでは1つ穴の細口のダブルキャップがついていた。

しかし、本体の口は星型で不変であり、マヨネーズといえば星型の絞り口というイメージはすっかり根づいているといっていいだろう。

話は戻るが、キユーピーがびん入りのマヨネーズの販売を開始したのは1925年のことだ。それがポリボトル容器に替わったのが1958年で、その当時は太い円形の絞り口が採用されていた。

しかし、その絞り口ではあまり見栄えがよくなかったことから、いくつかの絞り口キャップをおまけとしてつけてみたところ、その中で一番人気があったのが星型の絞り口だった。戦後の高度経済成長のなか、欧米文化の影響もあって家庭料理もおしゃれに食べたいという消費者のニーズが、マヨネーズを星形に絞り出せるキャップにぴったりと合致したのだろう。

１９７２年には星型の絞り口を正式に製品に採用し、それ以降、２００５年に細口のダブルキャップ、２０１８年に３つ穴のダブルキャップを採用した以外は、変わらないデザインとして使われ続けているのである。

エンピツの断面が六角形をしている理由

アート制作や設計など、特定の職業や趣味を持っている人たちを除けば、大人がエンピツを使って書くという場面はめっきり減っている昨今だ。小学校に入学して文字を習い始める子どもたちはエンピツを使うのだが、そのようすは少々様変わりしている。

昭和生まれの世代にとっては、エンピツは六角形のものが当たり前だった。しかし、現代の小学1年生が最初に使い始めるエンピツには、三角形のものを選ぶ人が少なくない。

そもそもエンピツが六角形なのには、机の上に置いたときに転がらない、親指・人差し指・中指の3点で支えるときに持ちやすいという理由がある。

その点、三角形のエンピツは、小さな子どもが持つことに特化しており、六角形のものに比べて持ちやすくなっている。しかも、エンピツの正しい持ち方を覚えるためにも三角形は便利な形状なのである。

ただし、少々難点をあげるとすれば、削っていくと芯の出方が多少偏るときがあることだろう。三角形というかたちは持ちやすい反面、その中心にぴったりと芯を入れるのは技術的に難しいはずだ。

ちなみに、「色鉛筆がまるいのは、やわらかい芯が折れるのを防ぐため」というのは、ひと昔前の雑学だ。現在の技術では、色鉛筆の芯も折れにくくなっている。それでも色鉛筆のかたちが変わらないのは、いろいろな持ち方で絵を描く人にとっては、どのようにでも持てるまるいほうが使いやすいからなのである。

自動販売機のコイン投入口が縦か横かは何の違い？

近ごろは、電車の切符を買ったことがないという子どもが増えているという。たしかに切符の券売機や飲料水の自動販売機などでも電子マネーが使えるようになり、手持ちの現金で購入する機会は少なくなっている。

とはいえ、街中の自動販売機にはコインの投入口が必ず設置されている。そのコイン投入口には、縦と横の２種類があることに気づいているだろうか。

駅などの券売機のコイン投入口は縦向きで、飲料水などの自動販売機は横向きのものが多い。なぜなら、設置側のある〝事情〟が反映されているからなのだ。

縦向き、横向きにはそれぞれ違ったメリットがある。

まず、駅の券売機に採用されている縦向きの場合は、投入口に入ったコインが転がるスピードが速いことが挙げられる。その結果、内部にあるコイン識別機にスムーズに到達するので、切符が出てくるスピードも速くなる。多くの客をさばく必要がある券売機にはこのメリットが大きい。

一方、飲料水などの自動販売機で採用されている横向きの投入口では、縦向きのものに比べてコインが転がるスピードは遅い。しかし、薄型のコイン識別機を内蔵できるのがメリットで、自動販売機内部のスペースを節約できる。

そのぶん、商品を多く入れておけるので、品切れを防ぐことができる。商品を補充する回数も少なくてすむわけだ。

つまり、駅などの販売機の前に行列ができるような場所では縦型、飲料水の自動販売機など、内部のスペースを有効活用したい場合は横向きが適しているのである。

なぜ新聞紙の端はギザギザになっている？

新聞の発行部数は右肩下がりの状態が続き、日本新聞協会の調査では２００８年以降は1世帯当たりの部数が1を下回っている。毎朝、新聞を読んで一日が始まるという風景は、もはや昭和時代の遺物となってしまった感もある。

親が新聞を読む習慣がなければ、子どもにもその習慣は伝わりにくくなる。これからは、新聞を手に取ったことがない子どもたちも増えてくるかもしれない。

その新聞を手に取るとわかることだが、上下の端がギザギザにカットされており、側面はなめらかでまっすぐだ。これはどの新聞も同じなのだが、いったいどうしてだろうか。

じつは、このギザギザはカッターの刃の跡だ。新聞は大きくて長いトイレットペーパーのような紙に印刷されたあとで、まずページをそろえてから折りたたみ、回転カッターで1部ずつに切り離される。

カッターは高速で回転するのこぎりのような細かい歯がついたものが使われる。そのギザギザの刃でカットしていくので、切り離された新聞紙の切断箇所もギザギザになっているのである。

また、下の端にだけいくつかの穴が開いているのだが、切断したり折りたたんだりするときに針金のようなものを刺して引っ張るためのものだ。

休刊日を除いて一年中繰り返される新聞製作の現場は、少々仕上がりが粗くなることも許容しなければならないほど、スピードと正確さが要求されるのである。

爪楊枝の〝溝〟の意外な役割とは？

「つまようじアート」をご存じだろうか。その名の通り、爪楊枝を使ってアート作品をつくるもので、海外の有名アーティストが繊細に組み上げた立体作品もあれば、学生が発泡スチロールの台に刺して作ったドット絵のような作品まで、身近な素材で楽しめるアートとして人気がある。

その爪楊枝を見ると、そのほとんどの製品には頭の部分にぐるりと溝が彫られている。この溝はあえてつけているというよりは、爪楊枝の製法のデメリットを隠すためにつけられているのだ。

爪楊枝は片方の先端を鋭くとがらせるために、もう一方の端をしっかりと固定して高速で回転させて削る。すると、どうしても固定している側が摩擦で焦げて黒くなってしまうのだ。

もちろんそのまま売ってもいいのだが、何とも見た目が悪い。そこで参考にしたのが、伝統工芸品のこけしだ。黒ずんでしまった側をこけしの頭に見立てて溝を入れ、デザインの一部であるかのようにして見せたのである。

溝があるほうの先端の部分をよく見てみると、濃い茶色になっているのがわかる。今も変わらない製法で作られ続けているために、溝を入れた先端の部分は摩擦で焦げた色を残しているのだ。

ちなみに、爪楊枝は「トゥースピック」という名前で世界中に同じようなものが存在する。両側がとがっているもの、平べったいもの、ミントフレーバーがついているものなどさまざまだが、片側に溝が入ったものは日本独特のきめの細かいワザが光っている証なのである。

炭酸水のペットボトルの底がへこんでいるワケは？

天然水、果汁飲料、コーヒー、紅茶、炭酸飲料とペットボトル飲料の種類は多岐にわたっている。それぞれのメーカーが工夫を凝らしたラベルや色で消費者の購買意欲を刺激している。

しかし、ラベルをはがして比べてみれば、中身の飲料によってペットボトルのかたちに共通点があることに気づくはずだ。

中身が炭酸飲料の場合、最大の特徴は底のかたちだ。炭酸飲料の底には厚みのある5つの足があり、底全体はへこんだようにくぼんでいる。このくぼみのおかげで、ペットボトルの内部の圧力が上がって膨らんでも、５つの足が支えて自立していられるのだ。

底を下から見ると花びらのように見えることから、ペタロイド（花弁）型という名前がついている。

また、ボトルの側面はまるいかたちをしており、四角いボトルに入れることはない。これも内部の圧力が関係していて、まるい側面のほうが圧力を均等に受け止めるために変形しにくく、そのままの形状を保つことができるのだ。

では、四角いボトルに入れるのはどんな飲料かといえば、果汁飲料などの高温で殺菌した液を充填するタイプのものだ。

四角いボトルの壁面をよく見ると、パネルのような刻みが入っていてでこぼこしている。これは減圧吸収パネルというもので、中に熱い液体が入っているペットボトルを冷却したときに、外側からかかる圧力をうまく逃がすように設計されているのだ。

製法に合わせたデザインはまさに工業デザインの真骨頂であり、右肩上がりの清涼飲料水の需要を根底から支えているのである。

板チョコに割れ目をつくる目的は？

国内外の専門店の高級チョコレートが飛ぶように売れるのはバレンタイン商戦の最中だが、それ以外の時期でもチョコレートは根強い人気の菓子である。

なかでも、板チョコはそのまま食べるだけでなく製菓の材料に使う人も多いため、イベントがあってもなくても手に取る人は多い。

その板チョコを割るときに便利なのがあの特徴的な割れ目だが、これは上手く割れるときもあればそうでないときもある。

それもそのはずで、この割れ目は食べる人のためにつけられているわけではないのだ。

高温で溶かしたチョコレート液をミゾが入った型に流すことで、型に触れる面積が広くなり、温度が早く下がる。つまり、チョコレートを早く固めることができるのだ。さらに、ミゾがあることで型から外しやすくなるという利点もある。

消費者としては食べやすくするための割れ目だと漠然と思っていた人が多いかもしれないが、あくまでも生産者の都合でつけられたものであり、メーカー側もそれを否定しない。

製造の効率を上げるためのものではあるが、これは意図してつくられたデザインよりも結果的に成功したといっていいかもしれない。

名刺サイズはなぜ91×55ミリなのか

社会人になって初めて自分の名刺を持つと、身が引き締まる思いがするものだ。小さなカードに印刷された自分の名前が、一人前の社会人として認められた証のようにもみえてくる。

その名刺だが、どの会社でもサイズはほぼ一緒で、市販の名刺入れや名刺ホルダーにぴったりと収まる。大きさは、ヨコ91ミリ、タテ55ミリに統一されているのだ。

名刺のルーツといえば、1854年にフランスの写真家・ディスデリがヨコ82ミリ、タテ57ミリの写真つき名刺カードを考案したところ、これが人気となって、その後の名刺サイズはこの値に近いものになったのだ。

名刺が作られ始めたころの日本では、長さの単位として使われていたのが、尺と寸だった。ディスデリが考案した名刺の横の長さに一番近かったのが3寸で、ミリに直すと91ミリだった。

次に縦の寸法を決めるにあたり考慮されたのが、黄金比だ。黄金比とは人間がもっとも美しいと感じるバランスで、1対1・618の比率になる。これを当てはめると、名刺の縦のサイズは55ミリになるのである。

ここで気づくかもしれないが、日本の名刺サイズの基準は寸であり、海外では日本のサイズとは違うのが一般的だ。

日本でも実際にはこのサイズより大きい名刺や小さい名刺もある。小さなサイズは小振りでかわいらしいためにショップカードなどに使われることもあるようだ。

大きいものは情報量を多く掲載することができるが、市販の名刺ケースからはみ出てしまうために利便性が低くほとんど使われることはないという。

道路標識にはなぜまると四角と三角がある？

道路標識にはじつにいろいろな種類がある。「制限速度」や「一方通行」、「進入禁止」はまるいかたちをしているが、「一時停止」や「徐行」は逆三角形だ。

なぜ、すべて同じかたちではないかというと、それは〝見え方〟に関係がある。

まるは、人間の目には実際よりも大きく見える性質がある。だから、制限速度や駐車禁止などはとくに重要で、ドライバーが絶対に見落としてはならない標識は円形をしている。

反対に逆三角形には、不安定な印象がある。だから見る人に不安を与えることで注意を引きやすくなり、「一時停止」や「徐行」などの規制を示す標識に使われているのだ。

また、四角形の標識もあるが、四角形には2種類ある。ふつうの四角形は案内や誘導に使われるが、あえて頂点を下にして不安定なかたちにした四角形は、やはりドライバーの不安な心理を刺激して注意を促すべき標識に使われている。

道路標識のかたちや向きは、ドライバーの心理を考えたうえで選ばれているのだ。思いがけないところで、私たちの安全をしっかりと守ってくれているのである。

赤ワインのグラスが白ワインのグラスより大きいワケ

ワインには1本何百万円もするような超高級ワインから、数百円で買える安価なテーブルワインまでそのバリエーションには限りがない。家庭でも気軽に手が届くようになった今、たとえ手ごろなワインであっても楽しみながらおいしく飲むことはできる。

それを簡単に実践できる飲み方のポイントは、グラスのかたちにある。赤ワインか白ワインかによって注ぐグラスを替えるのだ。

レストランやバーなどで提供される場合、赤ワインのグラスは白ワインのものよりも底がまるくて大きいものが使われる。これは、赤白それぞれの風味の特徴をより際立たせるためだ。

赤ワインは濃厚で香りの強いものが多く、飲み頃の温度が高いためにアルコールも強く感じられる。大きなグラスの中でワインをゆっくりと揺すって香りを立たせながら飲むことで、その複雑で芳醇な香りをより強く感じることができる。

一方、白ワインはさっぱりとして口当たりが軽いものが多く、フレッシュさが特徴だ。飲み頃の温度は低く、小さめのグラスに注ぐことでフレッシュさを保ちながらその口当たりを楽しむことができるのだ。

不思議なことに、赤と白のグラスを逆にして飲んでみると、それぞれの味の特徴がうまく引き出されず、せっかくのおいしさも半減するのだという。

必ずしも高いグラスを用意する必要はないので、試しに2種類のワインを2種類のグラスで飲み比べてみるのも面白いかもしれない。

トランプの♠、♣、♦、♥の意味は?

トランプで遊んだことのない人はおそらくいないはずだ。しかし、♠、♣、♦、♥の4つのマークの由来について知っている人はあまりいないのではないだろうか。トランプそのものについても、いつ、どこで生まれたのかは諸説あって正確なことはわかっていない。中国で誕生してイスラム圏を経てヨーロッパに広がった、という説が有力だが確証はない。

4つのマークの起源についても定説はないが、おそらく社会的階級を表現していると考えられている。

スペードは「貴族や軍人」を表しており、「剣」をデザイン化したものである。同じようにハートは「聖職者」を表し、そのかたちは「聖杯」を、ダイヤは「商人」を表し、「貨幣」を、そしてクラブは「農民や労働者」を表しており、「棍棒《こんぼう》」をデザイン化したものなのだ。

いってみればトランプは〝社会の縮図〟であり、ゲームのルールや勝敗は社会的階層を投影しているともいえるのだ。

ちなみに、K、Q、Jの絵札に出てくる人物には全員モデルがいる。たとえばクラブのKはアレキサンダー大王で、ダイヤのKはジュリアス・シーザー、ハートのQはユディトという旧約聖書に登場する女戦士がモデルになっている。

そんなことを知ったうえで興じれば、トランプがよりいっそう楽しくなるはずだ。

ジグソーパズルのピースはなぜ「キ」のかたちをしている？

ピースが大きくて少ないものは小さな子どもでも楽しめる一方で、大人は小さくて数の多いものに頭を悩ませ、高齢者にとっては手先の運動にもなるのがジグソーパズルだ。

40ピース程度で描かれ、イラストもわかりやすい幼児向けのものもあれば、5000ピース以上で絵柄もわかりにくい難解なものまで、その人の能力に合ったものを選んで楽しめる。

ピースの数や難易度にかかわらず、ジグソーパズルに共通するのがピースのかたちだ。四つの角やふちをつくるためのピース以外は、カタカナの「キ」のかたちをしているのである。

これにはれっきとした理由がある。キの字のかたちをしていると隣同士のピースがかみ合って外れにくくなるのだ。何度もはめてはその場所が合っているか確かめるので、その度に周辺のピースが崩れてしまうのは都合が悪い。ジグソーパズルのピースは、押さえていなくてもしっかりと組み合わさるかたちでなければならないのだ。

また、このかたちだとピースを組み合わせたときに、かすかに「パチリ」という手応えがある。ジグソーパズルを少しずつ組み上げていくなかで、この手応えを感じるのも完成にむけてのモチベーションになるだろう。

平面だけでなく、立体をつくることができるパズルも外れにくい構造のおかげだ。

組み上げると中にライトを入れてランプとして飾れたり、プラスチック素材で枠も一緒に組み上げて飾ることができるものもあるなど、ラインナップは多彩だ。

自宅で過ごす時間にアナログの楽しみを増やしてみるのもいいものである。

ドーナツの穴はいったい何のためにあいている？

ドーナツは庶民的な揚げ菓子として老若男女を問わず人気のアメリカンスイーツだ。アメリカ人のドーナツ好きは筋金入りで、朝食や軽食の定番として食卓に欠かせない国民食のひとつでもある。

そんなドーナツといえば真っ先に思い浮かぶのは、真ん中にまるい穴のあいたおなじみのリング形だが、この穴はいったい何のためにあいているのだろうか。

その理由は、ドーナツの製法に関係がある。

ドーナツは小麦粉を使った生地を油で揚げてつくる。真ん中に穴があいていると、中まで素早く熱を通すことができるので、短時間で失敗なく揚げられるというじつに合理的な理由なのである。

では、ドーナツに最初に穴をあけたのは誰かというと、メイフラワー号でイギリスからアメリカに渡った宣教師たちがつくったものだとか、アメリカの船乗りが母親の揚げ菓子を改良したものなど諸説紛々だ。

今では穴のあいていないものも多くなり、クリスマスやハロウィンなどのイベントにちなんだかたちや、キャラクターを模したものなどバラエティだ。健康志向も相まって「焼きドーナツ」や「生ドーナツ」など油で揚げないレシピもある。

とはいっても、リング形がドーナツの象徴であることは変わりない。近年では「ドーナツの穴を残して食べることができるか」という哲学的命題を考察した書籍も発行されるなど、そのかたちに魅せられる人は多い。

ドーナツが世界中の人々に愛され続ける理由は、そのシンプルなかたちにあるのかもしれない。

牛乳パックの開口部はなぜ三角屋根のかたちになっている？

低脂肪乳から濃厚ジャージー牛乳まで、牛乳といってもさまざまな商品がスーパーの棚に並ぶ昨今だが、見渡してみてもほとんどのものが注ぎ口が三角屋根のパックになっている。

この牛乳パックの正式名称は、「ゲーブルトップ型」という。ゲーブル＝切り妻屋根という、じつに明快な名前だ。

ちなみに、１９３０年代にアメリカで考案されたゲーブルトップ型の容器は、当初「ピュアパック」と呼ばれていた。

パックの上部を三角形の屋根型にするのは、注ぎやすさを向上させるためだ。三角屋根の内部には空間があり、開口部を開けて注ぐときに中の牛乳がいきなり飛び出ることがない。また、屋根の頂点を全部開けるので、注ぎ口をつくりやすいという利点もあるのだ。

しかし、じつはこのゲーブルトップが主流の牛乳容器事情は、今では日本独特のものだということをご存じだろうか。

海外では紙パックの場合、直方体の容器にキャップがついたかたちが多い。これだと衛生的で保存もしやすいのだが、日本では設備投資の遅れからゲーブルトップ容器が使われ続けているのだという。

とはいっても、近年になってキャップ型に切り替える大手メーカーも出てきた。キャップ型ならさらに開けやすく、冷蔵庫の中で液漏れすることも少なくなるため、今後はゲーブルトップ容器からの移行が続くだろうと予想もされている。実際にゲーブルトップのキャップがついている商品など、牛乳売り場には確実に変化が出てきている。

今ではすっかり見なくなった懐かしいテトラパックの牛乳のように、ゲーブルトップ容器の牛乳も「そんなものがあったね」と懐かしい存在になる日が来るのかもしれない。

硬貨がまるいのはなぜ？

江戸が舞台になった時代劇などに登場するお金といえば、大判や小判などの貨幣だ。見た目は楕円形に近く大きいもので、現代の日本で流通しているまるい硬貨とはずいぶん違う。

明治時代以前の貨幣には、まる以外にも大判・小判のような楕円形のものから、一分銀や一分金のように四角いものもあった。

国内で流通する貨幣がまるいかたちに統一されたのは、明治時代のことだ。当時の大蔵参与だった大隈重信が、貨幣をまるくすることを明治政府に進言したのである。

その理由は、角がないほうが使いやすい、経年劣化による摩耗が少なくて大量生産に適しているというものだった。

財布などに入れることを考えても、角ばったものよりもまるいほうが入れやすい。カドがなければ、そこから摩耗していくことを防げる。明治政府はこの提案を受け入れて、貨幣を円形に統一することを決めたのだ。

また、5円玉や50円玉に穴が開いているのは、ほかの硬貨と見分けやすくするためで、偽造防止の役割もあるという。

世界を見回してみても、現在流通している硬貨は圧倒的にまるいものが多い。使いやすく、造りやすい、しかも劣化も防げるとなれば、世界各国の硬貨がまるいのもうなずける話である。

コンセントの穴の大きさが左右で違うワケ

どこの家庭にでもある見慣れたコンセントの差し込み口だが、その穴をじっくり見てみると、左右の穴の大きさが微妙に違うことに気づく。左の穴のほうが少しだけ大きいのだ。

じつは、左右の穴にはそれぞれ異なる役割がある。

小さい右の穴は、コンセントを通じて電化製品に電流を送り込む役割を果たす。一方の左の穴は、電化製品に流れ込んだ電流がコンセントを通じて返っていくためのものなのだ。

左の穴はアース線につながっており、万が一電化製品に高圧の電流が流れてもアース線を通じて電気の逃げ道をつくり、火災などが起きないようにする。

では、差し込む側のプラグに左右があるのかといえば、一部を除いてどちらを差しても問題はない。

左右が関係あるのは音楽機器で、印があるほうをアース側に差し込むと、ノイズを逃がすことができて音質がよくなるのだという。これはぜひ試してみたいライフハックである。

日本では関西と関東で電圧の差はあるが、コンセントのかたちは全国で統一されている。

じつは、国全体でコンセントの形状が統一されているのは少数派で、たとえばアメリカでは日本のような2つ穴のコンセントもあれば、その下にもう1つ穴が開いている3つ穴のものもある。

海外旅行に出かけるときは、その国のコンセント事情をよく調べてから出かける必要があるのだ。

なぜネジには＋と－があるのか？

ホームセンターなどで工具セットを買うと、マイナスドライバーとプラスドライバー、キリや六角レンチなどの簡単な工具を一気にそろえることができる。

しかしよく考えてみると、ドライバーに関しては使うのはプラスばかりで、マイナスドライバーの出番はほとんどないのではないだろうか。

それもそのはずで、現在国内で流通しているネジの9割はプラスネジなのだという。プラスネジのほうが力も入れやすく締めたり緩めたりしやすいので、無理もない話だ。

では、マイナスネジの用途はというと、プラスネジに比べて汚れが取れやすいという利点を生かして、「汚れやすい」ところに使われている。

たとえば風呂場などの水回りや外灯など、水垢や泥、ほこりなどで汚れることが予測できる場所にはマイナスネジが使われていることが多い。

なかなか姿を見ることのないマイナスネジだが、じつはあえて使い続けることにこだわる業界もある。

マイナスネジはプラスネジに比べて歴史が古く、伝統工芸品などはもともとマイナスネジを使って作られていたものも多い。

アンティークなどの修理にプラスネジを使ってしまうと雰囲気が台無しになるということでマイナスネジが選ばれる。

また、変わらないデザインを守り続ける高級時計にはマイナスネジが使われ続けている。ネジのプラスとマイナスは、その特性によってうまく使い分けられているのである。

排水パイプがS字型になっているのはどうして？

家庭のキッチンや洗面所など、水回りには排水管が必ず設置されている。システムキッチンなどではそれがむき出しになることはないが、一番わかりやすいのは洗面所で、収納扉の中にある排水管でも扉を開ければ覗いて見ることができる。

排水口からのびる管は必ずといっていいほどS字にカーブしている。ここが一番掃除しにくいんだと思ってしまうかもしれないが、これは「S字トラップ」と呼ばれるもので、重要な役割を担うパーツなのだ。

S字トラップのカーブの部分には、流した水が一部残って溜まっている。この水が、下水管のほうから上がってくるにおいを遮断して、悪臭が室内に入り込むのを防いでくれるのだ。

もしS字トラップがなければ、下水管と室内を遮るものがなくなり、悪臭のみならずネズミやゴキブリなどの侵入経路にもなってしまう。

ただし、その形状からどうしても詰まりやすくなってしまうのが欠点だ。排水口から水を流すときは、紙くずや髪の毛などを流さないようにして詰まりを防止する必要がある。

また、一か月に1回は洗浄剤などを使ってきれいにするのもおすすめだ。室内の衛生状態を保つためのS字トラップが不衛生な状態になってしまったら本末転倒なのである。

蚊取り線香はなぜ渦巻き型で、蚊遣り器は豚のかたちなのか？

近年では夏になる前や夏が過ぎても気温が高いことが多く、真冬以外は一年中蚊に刺されることもある。

その蚊を寄せつけないために使うのが蚊取り線香だが、発売当初の蚊取り線香は今のような渦巻き型ではなかったことをご存じだろうか。

日本初の蚊取り線香を発売したのは、100年以上のロングセラー商品である「金鳥の渦巻」を販売している大日本除虫菊で、1890年に棒状の蚊取り線香を売り出した。

しかし、40分程度しかもたない、細くて煙が少ない、輸送の際に折れやすいなどの欠点があった。

そこで、線香を太く渦巻き状にすることで、運搬の衝撃に強く、燃焼時間が長くて、煙の量も十分な商品が生まれたのである。

また、蚊取り線香をたく容器としてあまりにも有名なのが、豚のかたちをした蚊遣《かや》り器だ。なぜか全国的に蚊遣り器といえば豚のかたちなのだが、これにはいくつかの説がある。

養豚場で蚊を追うために土管の中で蚊取り線香を使っていたら、口が広すぎて煙が散ってしまった。そこで口をすぼめてみたら豚のかたちに見えてきたので、それを地域名産の焼き物で造ったところお土産物として人気が出たというのが愛知県の常滑焼《とこなめやき》発祥説だ。

また、江戸時代後期の遺跡からイノシシのようなかたちの蚊遣り器が見つかり、それがとっくりを横にしたようなかたちにも見えることから、その土地の人がそこから豚のかたちを思いついて地域のお土産物にしたのではないかという浅草の今戸焼発祥説もある。

いずれにしても愛らしい豚の蚊遣り器は、渦巻き型の蚊取り線香とともに今も日本の夏の風物詩として不動の人気なのである。

電話と電卓のキー配列が違うのは、なぜ？

固定電話やスマホの数字の配列といえば左上が1で、下段に向かって順に数字が増えていき、4段目の横列が＊、0、＃となっている。一方、電卓のほうは3段目に1、2、3が並び、上段に向かって数字が増えていく。ちなみに0は、4段目の左端にある。

この違いは、どこから生まれたのだろうか。

電話の数字の配列は１９６４年に、アメリカで最初にプッシュホンを生み出した開発者が考え出したものである。

人の視線や指の動きをもとに、もっとも押しやすく間違いが少ない数字の配列として現在のような並び方が決められた。

それがＩＴＵ－Ｔ（国際電気通信連合の電気通信標準化部門）により国際的に統一されたのだ。

一方、電卓のほうだが、海外ではその前身である電子計算機の数字配列は統一されていなかった。

日本国内で電卓が発売されたときも、やはり数字の配列はバラバラだったが、１９６５年にカシオが「14－A」という電卓で現在のテンキーの配列を考案した。人間工学の見地からもっとも使いやすいとされた配列で、それがのちにＩＳＯ（国際標準化機構）によって世界的に統一されたのだ。

いってみれば、どちらもその用途に応じた使い勝手のよさを追求した結果であり、それが現在、世界標準として定着したのである。

いまさら聞けないハンコの常識

書類から押印をなくすべしという政府の大号令によって、日本のハンコ文化はかつてない逆風にさらされているが、ここでいまさら聞けないハンコの常識についておさらいしておきたい。

まず全体のかたちだが、大きく分けて４種類ある。

まるい印面から天頂という反対側の端までまっすぐにのびた円柱型が「丸棒」で、認印や実印、銀行印など主に個人用として使われる。

次に、まるい印面から天頂までの間にくびれがあるのが「天丸」で、会社の代表者印や実印などに使われる。

また、正方形の印面から天頂部までの間にくびれがあるのが「天角」で、会社の角印などに使われる。

4つ目は、正方形の印面から天頂部までまっすぐなのが「寸胴《ずんどう》」で、これも会社の角印などに使われている。

丸棒には側面に薄く切れ込みが入っているものがある。これはアタリ、またはサグリと呼ばれるもので、押印のときに人差し指が当たる位置が削られている。これがあれば印面の上下がわかりやすくなり、押したときに曲がってしまうこともないのだ。

ところが、シャチハタなどのいわゆる三文判にはアタリが入っているのに、専門店で作った高価な印鑑にはアタリが入っていない。

これはどういうことかというと、印鑑は大切な契約などの際に使われる「もう一人の自分」と考えられるもので、アタリを彫るというのはその人の体に傷をつけることになるため、高級な印鑑であるほどアタリはないのだ。

ふだん何気なく使っているハンコだが、その文化は味わい深い。効率や能率を追求しつつ、日本独自のハンコ文化も楽しむ道を探りたいものである。

クリアファイルの半円と三角形の切れ込みの役割とは？

職場でも学校でも書類やプリント類を入れておくのに便利なのがクリアファイルだ。販促物やイベントのグッズとしても人気で、山ほどクリアファイルを持っているという人も少なくないだろう。

クリアファイルの開口部分を見てみると、半円をした切れ込みと三角形の切れ込みが入っていることがわかる。半円形の部分は「指ぬき」、三角形の部分は「裂け止め」という名前があり、それぞれに役割がある。

まず指ぬきの役割は、そこにひっかけてめくることで中の紙を出すときにファイルが開きやすくする。このことを知っておけば、つるつるしたファイルでも難なく開くことができるのだ。

また裂け止めのほうは、クリアファイルの下にある圧着された辺の上にある。クリアファイルを開けるときは、どうしても圧着部分の先端に力がかかり、そこから破れてしまうことが多いのだが、三角形の切れ込みを入れることで底にかかる力をうまく分散して、ファイルが破れるのを防ぐことができる。

シンプルな構造で100円ショップでも手に入るほど低価格な製品なのに、細部へのこだわりに手を抜かないのが、文房具メーカーの矜持《きょうじ》たるものといえるのかもしれない。

郵便番号の「〒」にはどんな意味がある？

いつ、どこで見かけてもすぐわかるマークのひとつに郵便記号の「〒」がある。このかたちはいったい何を表しているのだろうか。

そもそも「〒」が郵便記号と決められたのは1887年2月8日のことである。ただし、このときは「〒」ではなく、「T」だった。

これは当時、郵便行政を担当していた「逓信省《ていしん》」の頭文字である「T」をマークにしたものだった。

ところがその直後、料金未納を表す万国共通の記号として、すでに「T」が使われていることがわかった。

これでは混乱してしまい、都合が悪い。そこで急遽「T」から「〒」へと変更され、正式なマークとなったのだ。

「T」から「〒」に変更された理由には諸説ある。「テイシン」の「テ」を図案化したものだという説から、単に「T」に横棒を加えたものだという話や、さらに日本郵船のファンネルマーク（通称「二引き」）にタテ棒1本をつけたというものまであり、どれが正しいのかはわかっていない。

ちなみに「〒」は日本独特のものであり、海外では通用しないので注意したほうがいい。海外旅行中に郵便局を見つけようと思っても、このマークは見当たらないはずだ。

クリームパンはなぜグローブ形なのか

子どもたちに人気のアニメ「アンパンマン」には、おなじみの人気のパンたちがキャラクター化されて登場する。

その中でクリームパンをモチーフにしたクリームパンダちゃんは、まさにグローブを顔にしたようなビジュアルで描かれている。

クリームパンといえば真っ先に浮かぶのは、パンの表面に切れ込みが入ったグローブのようなかたちだ。

しかし、1904年にクリームパンが発売された当初は、この切れ込みは入っていなかったのだという。

クリームパンの元祖は東京・新宿の中村屋だ。創業者の相馬夫妻があるとき食べたシュークリームのおいしさに感動し、これをパンにできないかと考案されたのがクリームパンなのだという。

ちなみに1874年当時、東京・銀座の木村家總本店から販売されていたあんぱんが人気を博していたのだが、クリームならあんこより高級感が出ること、乳製品であるクリームは栄養価も高いので子どもたちにもいいのではないかという夫妻の思いもあったのだという。

売り出した当初の写真を見ると、柏餅のような半円形をしているのがわかる。ではなぜグローブ形になったのかについては諸説あるようだが、中村屋のサイトによれば、内部の空洞を減らすための切れ込みだったのではないかという。

クリームパンに限ったことではないのだが、中にあんを詰めたパンは、焼き上げて膨らむ過程でどうしても内部に空洞が生じてしまう。食べたときに空洞が多いとお得感が薄れてしまうために、エアー抜きの切れ込みを入れたのだ。

今ではグローブ形だけでなくさまざまなかたちのクリームパンが売られている。中身のおいしさはそのままに、かたちは時代とともに変化しているのである。

「蛇口」はなぜ〝蛇の口〟なのか？

上下水道が整備されている日本では、全国どこでも家庭の蛇口から出る水をそのまま飲むことができるし、料理をはじめ入浴や洗濯、手洗いなどに水を使うことができる。

ところでこの蛇口だが、細長い蛇のように見えるからその名前がついた、というわけではない。

日本に初めて水道が導入されたのは明治時代のことだ。横浜をはしる道路脇に共用栓が設置されて、そこから水が供給されていた。

最初の共用栓はイギリスからの輸入品で、ライオンの像が水道の口に取りつけられていた。

ライオンはヨーロッパでは水の守り神とされていて、現在のヨーロッパでも水に関係する場所にはライオン像のモチーフが使われることが多い。

一方、日本で国産の共用栓をつくるときのデザインには竜が選ばれた。竜は竜神、つまり水の守り神で、ライオンの代わりに水道を守るのにはうってつけのモチーフだったのだ。

さて、そこで「蛇口」という名の由来だが、いくつかの説がある。

まず、共用栓の円柱部分を蛇腹と呼んでいたことから、その「蛇」にちなんで吐水口を蛇口と呼ぶようになったという説だ。

次に、日本では竜と蛇が混同されて考えられていたため、竜のモチーフがついた国産の共用栓になったとき、吐水口を蛇口と呼んだという説がある。

また、共用栓には蛇体鉄柱式共用栓という名称がつけられた。共用栓からそれぞれの建物や家庭に専用栓をつけられるようになると、その名前をとって「蛇口」という名前がつけられたとする説もある。

どれが正しいのかは不明だが、単純にかたちだけを見て決められた名前ではないことはたしかなようだ。

電車のつり革にはなぜ○と△があるのか？

電車やバスに乗ったことがある人なら必ず握ったことがあるのが、つり革だ。１８７０年ごろにイギリスの鉄道馬車で使われたのが最初だといわれるが、満員電車が常態化している日本の大都市圏では、これがなければ車内の安全は保たれないというくらい大切なものだ。

ところで、かつては手で持つ部分がまるいつり革が一般的だったが、近年では三角形のつり革が増えている。そもそも、まるいつり革と三角のつり革では何が違うのだろうか。

まるいつり革は、握ったときに人差し指と小指が近づき、握りにくいと感じる人もいる。その点、三角形をしたつり革は親指以外の４本の指を均等に引っ掛けられるので握るのがラクだ。

また、まるいつり革だと電車が大きく揺れたときにどの方向に動くか予測できないが、三角だと、握った部分は左右にしか動かないので体が固定しやすい。そんな理由から、三角のつり革のほうが使いやすいと感じる人が多いようだ。

ただし、急に電車が揺れたときに、とっさにつかみやすいのはまるいほうだという研究報告もある。揺れたときにしかつり革を持たないという乗客も多いので、一概に三角形のほうが理想的だともいえない。

実際、「どちらがいいか？」という議論の決着はまだ出ていない。「まるか、三角か？」の答えが出る日は果たしてやってくるのだろうか。

日本の湯呑みにはない取っ手がティーカップについている理由

お茶は紀元前の中国で発祥し、その後貴重な貿易品として世界各国に広まっていった歴史を持っている。お茶が伝わった先の国の文化の中で独特の進化を遂げ、まずヨーロッパでは宮廷や貴族の贅沢品として受け入れられた。

ヨーロッパに初めてお茶を輸入したのはオランダで、東インド会社を通じて日本茶や中国茶を輸入していた。

オランダは当時、中国やインドネシアの貿易ルートを押さえており、イギリスが中国から茶葉を直接輸入できるようになったのは、1672年から1674年の第3次英蘭戦争に勝利してからである。

一躍ヨーロッパの茶文化の中心となったイギリスではまず、お茶をティーボウルと呼ばれる持ち手のない深めのカップに注ぎ、それを揃いのソーサーにあけて冷ましてから飲むというスタイルで楽しんだ。

しかし、徐々にこの習慣が広まっていくにつれて、この熱さをどうにかしたいという声が上がるようになったのだという。

お茶を楽しむ場所は貴族たちのサロンであり、優雅に会話を楽しみながら飲む場面では、熱々のお茶をそーっと持って飲むというのはあまりスマートには見えない。

そこで、ティーカップに持ち手がついた。これならば熱いお茶が入っていてもスマートに持つことができる。

また、イギリスで飲まれていたのは紅茶で、ミルクや砂糖を入れて楽しむ人が多い。カップにミルクや砂糖を入れてかき混ぜるときも、持ち手がついていたほうが押さえやすくて都合がよかったのだろう。

まさに、ところ変われば品変わるといった具合だが、食文化の違いは道具の多様性を生み出すのにも一役買っているのである。

男子トイレと女子トイレのマークは日本生まれだった!?

トイレの入り口には、男子トイレと女子トイレを示すマークが表示されている。これがあるから間違えることはないし、国内だけでなく世界中どこへ行ってもこの印は共通なのでとても安心だ。

このマークが生まれたのは、１９６４年に開催された東京オリンピックのときだった。

この大会では世界から93の国と地域が集まったので使用する言語もさまざまだった。だからといって、いろいろな場所の案内や表示をそれらの国の言語で示すのには限界がある。

そこで、見るだけで何を表現しているかがすぐにわかるいろいろなシンボルマークが考案された。それらをまとめて「ピクトグラム」という。

選手村やチケット売り場、公衆電話など多くのマークが考案されたが、トイレのマークもこのときに考え出されたものだ。

当初は男女とも黒色だったが、のちに青色（男子）と赤色（女子）に区別されるようになった。

こういったピクトグラムはその後もさまざまなものが考え出されている。非常口の表示や禁煙マーク、障害者向け施設のマークなど、万国共通のピクトグラムも増えている。

ちなみにトイレのマークにも変化があり、ノルウェーでは「ユニセックストイレ」（ジェンダーフリートイレ）のマークも使われている。これもいずれ世界に広がるかもしれない。

マンホールのフタはなぜまるい？

街を歩いていて目を下に落とすと必ず見えるもののひとつにマンホールがある。街の風景には欠かせない存在だが、よく考えてみると、すべてまるいかたちをしている。

たとえば四角形や三角形のマンホールがあってもよさそうだが、だれも見たことがないだろう。じつは、マンホールのフタが円形なのにはワケがある。

円形だと、どんな向きにしても直径が変化しないので、きちんとはまる。また、ずれても中に落ちるということがない。びんのフタがどうやってもびんの中に入らないのと同じ理屈だ。

これがもし四角形や三角形だと、向きによっては中に落ちてしまい、たいへん危険である。マンホールのまるいフタは落下事故を防いでいるのだ。

また、まるいと、地面を転がして移動させることができるので便利だ。しかも、角がないので、誤って角が欠けるということもない。

じつはマンホールは、数千年前の古代ローマの遺跡からも発見されているが、その頃からすでにフタはまるかった。下水道などへ入って作業をする作業員に対する安全への配慮ははるか昔からあったのだ。

ラーメンどんぶりのあの渦巻きマークは何?

家系、つけ麺、汁なし、魚介系だしなど、ラーメン業界のトレンドは目まぐるしく変わり、人気店も頻繁に入れ替わる激戦が続いている。

店構えも昔ながらの間口の狭いところから、フレンチか和食の高級店かと思えるようなおしゃれなところまで千差万別で、食器に関しては必ずしもラーメンどんぶりで提供されるとは限らない。

とはいえ、昔ながらのラーメン屋のカウンターに置かれるなら、ふちの周囲にあの渦巻き模様のついた懐かしいどんぶりがピッタリだ。

ラーメンといえば渦巻き模様のどんぶりが思い浮かぶほど日本人のイメージに定着している器だが、じつはこの模様は大変ありがたいものなのだ。

この模様の正式名称は「雷文《らいもん》」といい、中国の伝統的な紋様だ。自然界の脅威である雷をかたどったもので、殷や周の時代からみられる。

この雷文には魔よけの意味が込められており、中国では貴族たちが使う陶磁器にあしらわれていた模様なのである。

日本でラーメンどんぶりに雷文が使われるようになったのは大正時代に入ってからのようで、庶民の人気フードとなってきたラーメンに専用のどんぶりを作ろうとしたときに、中華のイメージを取り入れるためにあしらわれたのではないかということだ。

ほかにも竜や鳳凰《ほうおう》、双喜紋《そうきもん》など、中国の縁起のいい模様を取り入れたラーメンどんぶりは多い。その御利益もあってか、ラーメンは現在も変わらない国民食として進化し続けているのだ。

洋傘は持ち手がJの字に曲がっているのに和傘はなぜまっすぐなのか

梅雨などの雨が続く季節には、気に入った傘を使うというのも憂鬱な気分を少しでも柔らげてくれるひとつのアイデアだ。

折り畳み傘やワンタッチのジャンプ傘、超軽量の傘なども登場して、色やかたち、素材など選びきれないほど種類も豊富だ。

なかでも一般に広まっているのは、海外から伝わってきた西洋傘だが、日本には独特の和傘というものがある。

和傘は和紙でできており、西洋傘のような留め具などもついていなかった。なによりも、パッと見て一番違うところは持ち手だ。

西洋傘の持ち手はJの字にカーブしていて、手首にかけることができるので閉じたままでも持ちやすい。ステッキに似せて作られており、それまで傘を持つ習慣がなかった男性にも受け入れられるように工夫されているのだという。

片や和傘の持ち手は真っ直ぐで、傘全体が1本の棒のようになっている。これにはちょっと驚くような理由があって、じつは持ち手だと思われている部分は立てかけたときの接地面で、西洋傘とは持ち方が上下反対なのだ。

和傘には傘の部分を閉じたときにまとめておく留め具がついていないために、西洋傘と同じような方向で持ち手を持つと閉じていた傘が開いてしまう。持ち手と思える部分を下にして、傘の頂点に巻いてあるひもを持ったり、小脇に抱えたりして持つのが正解なのである。

ワインボトルにはなぜ「なで肩」と「いかり肩」がある？

近所のスーパーでも世界各国のワインがずらりと棚に並んでいるほど、ワインはすっかり日本人の食生活に根づいている。

ワイン好きの人たちの間では、エチケットと呼ばれるボトルに貼ってあるラベルをコレクションする人もいるのだが、そのボトルそのものも色やかたちに差があって比べてみるのも楽しいものだ。

ボトルのかたちですぐに見分けられるのが、「いかり肩」か「なで肩」かだ。いかり肩のものは、ボルドータイプと呼ばれ、フランスのボルドー地方でつくられるワインに適したかたちとなっている。

ボルドーワインの特徴は、タンニンが多く含まれることだ。そのために、タンニンやポリフェノールが結晶化した澱《よどみ》が多く出るため、そのままグラスに注ぐと口当たりが悪くなってしまう。そこで、肩の部分に角度をつけて、そこに澱がたまってグラスに入らないようにしているのだ。

一方、なで肩のボトルはフランスのブルゴーニュ地方でつくられるワインに使われている。ブルゴーニュワインはボルドーワインに比べて澱が少ないため、ボトルの肩はなめらかでも問題はない。

また、ブルゴーニュ地方のワインは「カーヴ」と呼ばれる地下貯蔵庫に保管されるのだが、ボトルの肩がなめらかなのでワインを互い違いに並べることができてスペースを有効に使えるというメリットがある。

ワインの特性に合わせてボトルが選ばれていることを知っていれば、店で手に取って選ぶときに覚えておくと役に立つはずだ。

いわゆる「スマイルマーク」（ニコニコマーク）が生まれた理由

どの国に行っても通用する友愛のシンボルとして知られるのがスマイルマークだ。日本では「ニコちゃんマーク」などとも呼ばれている。黄色い顔に点で表された目と笑った口元は、シンプルなだけにたしかに見ているだけで幸せな気分になる。

しかし、なぜこのマークが誕生したのかを知っている人は意外と少ないようだ。じつはもともとスマイルマークは、ある会社の宣伝に使われるものとして考案されたものだった。

その会社とは、アメリカのマサチューセッツ州にある「ステート生命保険」の関連会社で、キャンペーンに使用するために、社内のデザイナーだったハーベイ・ボールがたった10分で考案したという。それがまたたく間に世界中に広まったのだ。

そのハーベイ・ボールの息子が設立した財団の働きもあり、世界平和の象徴としてのこのマークの認知度は全世界で97％といわれている。

ちなみに、最初にこのマークをデザインしたハーベイは、デザイン料として45ドルを受け取っただけでほかには何の報酬も得ていない。もしも商標登録していたら、今頃は世界の億万長者だったかもしれない。

缶ビールやジュースなどのプルトップが一体化したワケ

1980年代頃まで缶飲料の口といえば、プルトップとかプルリングと呼ばれる金具をひっかけて開けるものが主流だった。プルトップを集めたり、指にはめて遊んだりという思い出がある人も多いだろう。

それが今や、缶飲料は飲み口を開けても本体から金具が外れない形状に様変わりしている。

このステイオンタブという金具が最初に採用されたのは、１９８９年に宝酒造が販売していた「ＰＡＤＩ」という清涼飲料水の容器だ。

それまでの缶飲料の金具は、開けたあとにポイ捨てされることで、子どもや動物などが口にしたり、ケガをする危険があった。飲料メーカーはその事実を重くとらえて、投棄や誤飲を防ぐ容器を開発したのだ。

ステイオンタブが採用されると、その機能性と安全性が評価されて、各社さまざまな製品に使われるようになっていく。金具が切り離されなければそれがポイ捨てされることも少なくなり、懸案だった環境問題を一気に解決できたのである。

それと同じ理由から、ペットボトルを開けてもキャップがくっついたままという製品も販売されるようになった。

ポイ捨てを防ぐために「はずれないようにする」というシンプルな発想が、フタを開けたら外すという既成の考え方を覆して製品を変えたという革新的な事例となったのである。

神社の鳥居は かたちも色も寄進者任せってホント⁉

神社の前を通ると、つい手を合わせてしまうという人は多い。ふだんは信仰心のない人でも神様の前を素通りできないのは、日本人らしさのひとつかもしれない。だから神社の赤い鳥居は遠くからでも自然と目につき、厳かな気持ちにしてくれるのだろう。

「神様の使いである鳥がとまる場所だから鳥居」、あるいは「人々が通り入るから鳥居」などといわれる鳥居だが、ともかく「どんな鳥居でも赤いもの」と思っている人が多い。しかも、そのかたちも決まっていると多くの人が信じている。

ところが、そんなことはない。

かたちはもちろん、色も、材質も、何の制限もない。構造上のルールはないのである。すべて神社側、または寄進者の意向によって好きなように決めていいのだ。

ただ、現実に赤い鳥居が多いのは、昔から朱色には魔力に対抗する力があると信じられているからだ。とはいえ、仮に青や黄色の鳥居があっても間違いではないのだ。

実際、いろいろな鳥居をよく見ると、直線的な鳥居や曲線がある鳥居などさまざまだし、角材やまる材なども使われている。素材にしても、ステンレス製の鳥居もある。

鳥居を見たら、手を合わせる前にじっくり観察してみると面白いかもしれない。

クロワッサンが三日月形であるワケ

サクサクとした食感にバターの風味が贅沢な人気のパンといえば、フランスパンの代表格であるクロワッサンだ。

海外の有名なベーカリーが日本に進出して、本格的なクロワッサンを日本でも食べられるようになったし、日本のベーカリーが提供するクロワッサンのレベルも本家顔負けというのが昨今のパン事情だ。

クロワッサンは多くの店で特徴的な三日月形に成形されているのだが、これにはじつに物騒な由来がある。

クロワッサンの発祥はオーストリアで、17世紀にオスマントルコの軍隊に攻め入られたときに、ウィーンのパン職人の機転で侵入に気づき、みごとに撃退できた祝いとしてつくられたとされている。

「キッフェルン」と名づけられたこのパンは、トルコ軍の国旗に描かれていた三日月をモチーフにしている。それを食べることでトルコ軍に対する勝利を表したのだという。

では、それをフランスに広めたのは誰かといえば、世界史上でもっとも有名なオーストリア出身者のひとりである、オーストリア皇女のマリー・アントワネットである。

18世紀に入り、オーストリアからフランスのルイ16世のもとに嫁いでいたアントワネットの専属パン職人が、キッフェルンをフランスの宮廷に持ち込んだのである。

贅沢三昧で悪評が高く、「パンがなければお菓子を食べればいい」という名言を残したアントワネットだが、フランス革命の断頭台で命を落とした彼女が、フランス文化の爛熟《らんじゅく》に貢献したことだけは間違いないのである。

グランドピアノがあの独特のかたちをしている意外なワケ

海外で行われる由緒あるコンクールで、日本の若いピアノ奏者が輝かしい成績を収めたというニュースが、近年頻繁に舞い込んでくるようになった。日本の演奏家のレベルが確実に上がっていることが証明され、頼もしい限りだ。

コンクールなどでは大きなホールの舞台にピアノが1台置かれるが、ほとんどの場合それはグランドピアノである。

グランドピアノは流線と直線を組み合わせた独特のかたちをしている。ふたを開ければより音を響かせることができるため、大きなホールの隅々までその音色を届けることができるのだ。

独特なかたちはおしゃれなデザインを重視したわけではなく、音の出し方を追求した結果だ。

家庭用のアップライトピアノは、垂直方向に張られた弦を横から叩くことによって音が出る。それに対して、グランドピアノは水平方向に張った弦を上から叩く構造になっている。つまり張り出した弦を収めるために、あのようなかたちになっているのだ。

また、流線形にカーブしているのは、音の高さによって弦の長さや響板の面積が違うためで、美しい音を奏でるのに特化した究極のフォルムなのである。

ピアノとしてはもともとグランドピアノの構造が基本で、狭い家の中にピアノを置くために考えられたのがアップライトピアノだ。

余談だが、現在世界中で流通している艶のある黒いピアノは、日本発祥である。マホガニー製で木目調だった海外のピアノを輸入したメーカーが、湿度のある日本の気候に合わせるために漆を塗ったところ、その艶のある美しい色が世界中から評価されたのだという。

第3章

ニュースがもっと面白くなるかたちの疑問

コロナウイルスのコロナにはどんな意味がある？

なぜ新型コロナウイルスの名前には、「コロナ」という言葉が入っているのだろうか。じつはそこに、このウイルスの感染拡大の重要な要因のひとつがひそんでいる。

コロナとは、ギリシャ語で「王冠」を意味する言葉だ。テレビなどでこのウイルスの画像を見たことのある人は気づくかもしれないが、ウイルスの表面に独特なかたちをした突起部分がある。それが王冠に似ていることから、コロナウィルスという名称がつけられた。

また、突起部分をまとったウイルス全体が、太陽の表面からコロナ（太陽の大気）が吹き出ているようにも見えるからという考え方もある。

いずれにしても、この突起部分がクセモノだ。この王冠のかたちをした突起部分でヒトの細胞内に侵入したり、免疫からの攻撃を回避したりしているのだ。

まさにこの〝王冠〟が、新型コロナウイルス感染拡大の元凶ともいえるのだ。

！五輪のマークのそもそもの意味とは？

オリンピックを象徴するものといえば、なんといっても五輪のマークだ。１９１４年のＩＯＣ（国際オリンピック委員会）設立20周年記念式典で発表され、１９２０年のアントワープ大会から使用されるようになった五輪マークだが、そもそもこの５つの輪は、何を表しているのだろうか。

じつは世界の５つの大陸、つまりヨーロッパ大陸、アメリカ大陸、アフリカ大陸、アジア大陸、オセアニア大陸を指している。つまり、５つの輪が重なり合うかたちは５つの大陸が連携し合い、世界中の人々が手を結んでいるようすを表現しているのである。

さらに、輪は上に３つ、下に２つ連なっていて、全体を見るとアルファベットの

「W」の字に見える。これはいうまでもなく「world」の頭文字Wを表している。

また、5つの輪はそれぞれ異なる色をしている。これは、青・黄・黒・緑・赤、そして地の白を加えた6色で、世界の国旗のすべてを描くことができるという意味だといわれるが、これについては諸説あって本当のところはわからない。

いずれにしても、その意味を知ってから見れば、五輪マークはもちろんのこと、オリンピックそのものにあらためて深い意義を感じるのではないだろうか。

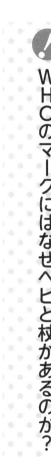

WHOのマークにはなぜヘビと杖があるのか？

新型コロナウィルスが感染拡大するなか、ニュースでWHO（世界保健機関）が話題になることが増えたが、そのときにWHOのシンボルマークを目にした人も多いはずだ。「杖に巻きついた蛇」という印象的な図柄だが、何を意味しているのか。

まず杖のほうは、ギリシャ神話に登場する「治療の神」であるアスクレピオスが持っているものである。

そのアスクレピオスはあまりにもたくさんの人々を治癒し、果ては死者までも蘇らせた。そのために冥界の神ハデスが怒ったほどだったという。その杖がＷＨＯのマークに採用されたのだ。

ただし、この話に出てくるのは杖だけで、蛇は出てこない。その蛇については、さまざまな解釈がある。

まず、蛇は脱皮を繰り返す動物である。脱皮は、再生と若返りにつながる。だからＷＨＯにふさわしいという考え方である。

また、医学とは本来、「生と死」「健康と病気」という相反するものと向き合うものである。その一方で、蛇の体から出るものには、毒になるものもあれば薬になるものもある。この蛇の二面性と医学の二面性とを重ねて、蛇の図像を用いたという考え方だ。

じつはＷＨＯだけでなく、世界のさまざまな医療機関で、蛇と杖の図像がマークとして使われている。蛇とは気持ち悪いものではなく、医学の神髄を表しているのである。

$はなぜドルを表すのか？

アルファベットのSにタテ線を重ねると、ドルの通貨記号になる。タテ線は1本でも2本でもいいとされているが、それにしてもなぜ、これがドルを表すマークになったのだろうか。

この記号が使われた最古の記録は、1770年代にさかのぼる。英領北アメリカとメキシコとの間で交わされた文書で使われたのだが、ただしこのときはドルではなく、メキシコの通貨である「ペソ」を表す記号だった。

その後、独立後のアメリカ合衆国でもこの記号が使われるようになり、1797年に初めて「$」が刻印された硬貨がつくられている。

そもそも$の通貨記号が何に由来するのかについては諸説ある。ペソのPとSを組み合わせた図形という説や、シリングの通貨記号のSが由来という説、さらには古代ローマの通貨セステルティウスの通貨記号であるＨＳが起源という説などさまざまだ。

その中で有力なのは「ペソ起源説」である。アメリカが独立する前は、その基軸だったメキシコとその宗主国スペインの通貨のペソが世界中で使われていた。しかし、ｐｅｓｏは書きにくく、崩した文字で書くうちに＄というかたちが生まれたという説だ。

もしこれが真実なら、ドルを表す＄はペソから生まれたという不思議な誕生秘話である。

将棋の駒のかたちはなぜ変形の五角形になっている？

将棋界に彗星のごとく現れた藤井聡太棋士の人気で、将棋ブームは盛り上がりをみせている。これを機に将棋を始めてみようと思う人が、まずそろえるのは将棋盤と駒だろう。

将棋の駒は、五角形をタテに伸ばしたようなかたちをしている。なぜこのかたちになったのかには諸説あるようだ。

指している駒の向きがひと目でわかるようにするためだとか、お寺で供養のためにお経を書いて立てる細長い塔婆《とうば》という板をまねたものだなどといわれるものの、たしかなところはまだわかっていない。

また、駒の大きさはその価値によって変えられている。一番価値の高い王将が一番大きく、もっとも弱い駒である歩兵が一番小さい駒なのだ。

将棋のルーツは古代インドのゲーム「チャトランガ」だといわれており、それがペルシアを通じてアジアやヨーロッパに伝わって、日本では将棋というゲームに発展していったと考えられているのだ。

日本でいつから将棋というゲームが始まったのかは定かではない。ただ、最古の将棋の駒とされているのは、平安時代の木簡と一緒に見つかったものだという。同時代の書物にも将棋について書かれたものがある。

細部にこだわる日本人の国民性ゆえか、将棋の駒や将棋盤には使われる素材、文字の彫り方をはじめとして細かく気が配られており、駒を指したときの音や、文字の書体など、ウンチクを傾ければきりがない。道具そのものがまるで美術品のような扱いを受けることも多い。

とはいっても、気軽に楽しむためなら、まずは手ごろなものをそろえて挑戦すれば十分だろう。

ゴルフボールの表面が凸凹になっているワケ

一度でも手にしたことがある人ならわかるだろうが、ゴルフボールの表面は小さな凸凹による窪《くぼ》みがたくさんつけられている。

この窪みは専門用語でディンプルと呼ばれる。簡単にいえばクラブで打ったときの空気抵抗を軽減し、揚力をアップさせ、ボールをより遠くへ飛ばすという大きな役割がある。

ためしに同じ人がまったく窪みがないツルツルのボールで打つと、飛距離は半分にしかならないというからその効果たるや絶大だ。

スコットランドが発祥といわれるゴルフは歴史が古いスポーツだが、日本に伝えられたのは1900年代初頭と比較的最近のことだ。そして、ボールにディンプルがついたのもちょうどこの頃である。

もともとゴルフボールの表面はツルツルだったが、何度も練習して傷がついたボールは飛びやすいという発見があった。そして、19世紀後半にはメッシュ模様のボールが流行し、その後、改良が繰り返され、1908年になって初めてディンプルつきのボールが誕生したのである。

いまやアマチュアでもちょっと腕のある男性ならドライバーで300ヤード前後を飛ばす時代だ。技術やクラブもさることながら、そこにはボールのディンプルの存在が不可欠というわけだ。

ラグビーボールはなぜ楕円形をしている？

野球やサッカーといった人気のスポーツに押されながらも、日本でのワールドカップ開催を経て一気に注目を集めた競技といえばラグビーである。

鍛え上げられた肉体同士がぶつかり合う迫力のプレーは詳しいルールを知らずとも魅了されるが、パッと見ただけでも疑問に思うのは、なぜボールが楕円形なのかということだ。

これには諸説あるが、ラグビーはサッカーと起源が同じで、「手に持つ」といったプレーは、フットボールという競技のローカルルールで誕生したものだと考えられている。

そのうち、手に持つスタイルがラグビーとして発展していくわけだが、ボールが重すぎると抱えて走るにはちょっと都合が悪い。

そこで靴職人をしていたウィリアム・ギルバートが、適度な弾力と耐久性がある豚の膀胱を膨らませ、そこに牛皮を張り合わせたボールを完成させた。

そのボールを持って走ったのが、ラグビーの生みの親といわれるウィリアム・ウェブ・エリス少年であり、その舞台となったのがイギリスのラグビーという街にある「ラグビー校」なのである。

現在、ギルバートの名はラグビーボールの老舗メーカーとして、また、エリス少年の名はワールド杯優勝カップの愛称（ウェブ・エリス・カップ）として広く知られている。

相撲の土俵に切れ目が入っている理由は？

日本生まれのスポーツで、もっとも長い歴史があるものといえば相撲である。格闘技や神事の側面も併せ持つが、起源は少なくとも700年代にまでさかのぼるというから、もはや伝説の域である。

力士の戦いの場である土俵の大きさは15尺（約4・55メートル）で、約15センチメートル幅の俵でぐるりと円がつくられている。

だが、よく見ると東西南北の計4か所に切れ目がある。これは何の意味があるのだろうか。

今でこそ相撲は国技館や体育館などで行われるが、長い相撲の歴史の大半においては屋外で行われるのが当たり前だった。

すると、雨の日には土俵の中に水や泥が溜まってしまう。4か所の切れ目は、それをきれいに掃き出す目的で入っているのだ。

屋内でやるようになった今も切れ目はそのまま残されており、はみだした俵は「徳俵」と呼ばれている。

これは、本来なら土俵を割っているはずの力士の足も、ここなら残るという意味で「徳」という字が充てられているというわけだ。

ホームベースはなぜ五角形なのか

野球のグラウンドで内野を示すラインはそのかたちからダイヤモンドと呼ばれ、四隅にはベースが置かれている。だが、一塁から三塁までは四角なのに、ホームベースだけは五角形だ。もちろん、これにはちゃんと理由がある。

そもそも、ホームベースも元はほかと同じように四角形だった。だが、それだと投手の方向に角のひとつが向くことになってしまう。

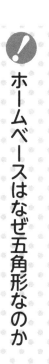

これに不都合を感じていたのは審判だ。審判のストライクとアウトの判定は、ボールがホームベースのどこを通過するか重要な基準になる。その通過点が尖った角だと判定がしづらい。

そこで、ベースを90度傾けて投手側に辺がくるように置いてみたが、そうすると今度はベースとラインとの間に隙間ができてしまった。その隙間を埋めた結果、ホームベースは現在の五角形になったのである。

ちなみに、ホームベースの一番長い辺（投手側に向かっている辺）は43・2センチメートルと決まっている。ほかのベースの辺が38・1センチメートルなので、少し大きめだ。材質はゴム板だが、驚くことにメジャーではかつて大理石だったこともある。

もしかしたら、ダイナミックに本塁突入で大けが……なんてこともあったのかもしれない。

サッカーボールが五角形と六角形からできているワケ

アルキメデスがいなかったら、サッカーボールは誕生していなかったかもしれないといったら多くの人は驚くだろうか。

サッカーボールというと白と黒のイメージがあるが、12枚の黒い正五角形と20枚の白い正六角形とが縫い合わされてできている。これは三十二面体とよばれる多面体だ。

ちなみに、4つ以上の平面でできた立体は、すべて多面体である。多面体には2種類あり、すべての辺が同じ長さで、しかも角の大きさが等しい図形を「正多角形」という。

これに対し、2種類以上の正多角形でできた多面体を「準正多面体」といい、サッカーボールはこのふたつの多角形の組み合わせなので準正多面体になる。

なかでも、この三十二面体は球にもっとも近いかたちをしている。

いうまでもなくサッカーボールは完全な球体に近いほうがいい。微妙なパスの繰り返しで成り立っているゲームなので、ボールの動きにも正確性が求められる。

そこで限りなく球体に近い三十二面体が採用され、1960年代後半から一般的になったのだ。

そして、この三十二面体を考え出したのが、古代ギリシャの数学者アルキメデスだった。つまり、彼の優れた頭脳がなかったら、サッカーというスポーツはここまで広まらなかったかもしれないのである。

放射線マーク（円の中に三つ葉マーク）は何の意味か？

病院内にあるレントゲン室の扉には、円の中に三つ葉が描かれたマークがある。これは放射線マークだ。病院だけでなく、放射能関連の施設には必ず表示されている。

このマークが最初に考案されたのは、アメリカのカリフォルニア大学バークレイ放射線研究所で、１９４６年のことだ。その後、国際原子力機関（ＩＡＥＡ）がそのマークをシンボルとして定めて、ＩＳＯ（国際標準化機構）の基準として登録し、万国共通となった。

日本でもＪＩＳ（日本産業規格）により放射能標識として定められており、放射線発生装置および放射性物質を使用する場所で掲示することが義務づけられている。

ちなみにこのマークの意味は、原子核からアルファ線、ベータ線、ガンマ線が飛び出す様子を表現したもので、色も黄色い背景に黒と決められている。

この黄色と黒の組み合わせは、人間に危険を感じさせるといわれており、警戒心を抱かせるのに有効だという。このマークを見たら、慎重に行動しなければならないのだ。

! アメリカの国防総省はなぜ五角形なのか?

2001年に起こったアメリカでの「9・11テロ」では、世界貿易センタービルだけでなく、もうひとつ狙われた場所があった。それがアメリカ国防総省、通称ペンタゴンだ。

ペンタゴンとは「五角形」の意味だが、自爆テロを企てた航空機がこの建物に突っ込んだニュースの映像では、たしかにその五角形の外観を見ることができた。

アメリカ国防総省はワシントンＤＣの郊外にあり、有名な観光コースのひとつである。なんといっても独特の五角形の形状が美しい建造物だからだ。

それにしてもなぜ、あえて五角形にしたのかというと、建物内での移動の効率がいいからだ。

ペンタゴンは軍人や民間人合わせて3万人近くが働いている世界最大級のビルで、少しでも早く目的の部署に到着することが求められている。だから高層建築にするよりも、平面での移動効率のよさを優先して設計されたのである。

その結果、同じフロアであれば、どこへ移動するにも最長で約8分しかかからない。

これが仮に四角形だと、最短距離の対角線に通路をつくるのはむずかしい。その点、五角形なら工夫しだいでさまざまなルートで移動できるのだ。

ちなみに、高さは5階建てである。意外と低いのだ。裏を返せば、それだけ平面での移動の利便性を優先させた設計になっているということなのだ。

世界で唯一ペナント形の国旗を採用したネパールの謎とは？

国旗は必ずしも長方形とは限らない。よく知られているようにネパールの国旗は三角形を2つ重ねた珍しいかたちをしているが、これは2つの国旗を合体させたためにできたのだ。

まず、上の三角形は1786年にネパールを統一したシャー家（王家）の旗で、白い三日月が特徴的だ。そして下の三角形は、1900年代にネパールを支配したラナ家（宰相家）の旗で、こちらは太陽が白い色で表現されている。

シャー家によって建国され、ラナ家によって統治されたというネパールの歴史が、このひとつの国旗に表現されているのだ。

ちなみに、真紅の色はネパールの国花であるシャクナゲの色で、ナショナルカラーでもある。また、縁取りの青は平和を象徴している。

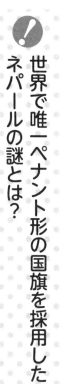

じつは、もともとヒンズー教の文化圏では三角形の旗が一般的だった。それをそのまま生かしたという側面もあるのだが、近年は国民の間で一般的な長方形の国旗に変更すべきだという意見も多く、もしかしたら近年、今のネパールの国旗は変わるかもしれない。

！国旗のタテとヨコの比率は決まってる？

とても素朴な疑問だが、なぜ国旗は長方形なのだろうか。ネパール以外のすべての国の国旗は横長の長方形になっているが、なぜそうなったのだろうか。

答えは単純だ。作りやすく、しかも布地に無駄が出ないので経済的だからである。

そこで、さらに突っ込んで考えてみると、タテとヨコの比率は決まっているのかという疑問が湧いてくる。一見、統一されているように見えるが、じつは決まっていない。国によってバラバラなのだ。

最も一般的なのは、タテ対ヨコの比率が2対3の国旗だ。この寸法は日本や中国など多くの国が採用している。また、アメリカは10対19と決められている。

一方、13対15のベルギーは、かなり正方形に近く、これがバチカン市国になると完全に正方形をしている。また、スイスも国内では正方形の国旗を使用している。

じつは、国旗にはこんなにいろいろな比率があるのだが、なぜかどの国旗もすべて同じ比率のような印象を抱く人も少なくないはずだ。それには理由がある。

国連本部には各国の国旗が掲揚されているが、国連はすべての国旗を2対3の比率にして掲げているのだ。おそらくそのイメージが強いので、国旗のかたちは万国共通というイメージを持ってしまうのである。

イスラエルの国旗の真ん中に位置する六芒星が意味するもの

国旗の中には、とても印象的なシンボルを採り入れているものが多い。イスラエルの国旗もそのひとつだ。白地の上下に青い横線が入り、真ん中には六芒星《ろくぼうせい》が配置されている。

ちなみに、この六芒星が意味するものは、ユダヤ民族を象徴する「ダビデの星」である。ダビデとは統一イスラエル王朝の初代国王で、聖書にも登場する。

このデザインが生まれたのは17世紀にヨーロッパで起こった三十年戦争のときだといわれる。この戦争に参加したユダヤ人部隊に与えられたのが、この六芒星だったのだ。

ダビデという名前には2つの「D」が含まれている。その「D」をユダヤのヘブライ文字にすると、ギリシャ文字の「Λ《ラムダ》」に似ている。そこでこの「Λ」を2つ組み合わせたデザインとして六芒星が考え出され、ユダヤ人部隊に与えられたのである。

この名誉あるかたちは、その後ユダヤ人社会に広く受け入れられるようになり、国旗にもシンボルとして使われるようになったのだ。

カナダ国旗の左右の赤い部分とカエデの葉の意味

両端に赤い帯があり、中央には葉っぱのシルエットが配されている。カナダの国旗はどこか牧歌的な穏やかさがある。しかし、このデザインにも深い意味がある。まず印象的な中央の葉だが、カナダの象徴といわれるメイプル（カエデ）という植物である。英語圏ではこの国旗は「メイプルリーフ旗」といわれている。さらによく見ると、葉の先端の尖った部分と枝を合わせると12になる。この12という数字は、カナダという国家を構成する10州と2つの準州を表している。つまり、この葉はカナダそのものを表しているのだ。

さらに、左右の赤い帯は大西洋と太平洋を表している。また、葉のまわりの白は北極圏をイメージしている。いってみればカナダの国旗は、世界地図におけるカナダの位置を表現しているのだ。

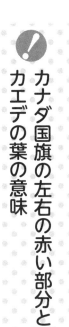

それだけではない。白には「平和」「律儀」を表す意味があるといわれている。これは、第一次および第二次世界大戦で多くの犠牲者を出したカナダの歴史をふまえ、平和な世界への希望を表しているのである。

カタールの国旗は世界一長い？

中東の国カタールへ旅することがあれば、街のあちこちにたなびく国旗を見て首をかしげるかもしれない。「これは本当に国旗？」と思うほど長いのだ。

実際、カタールの国旗は世界でもっとも長い。タテとヨコの比率は11対28で、ヨコ幅がタテの約2・5倍もあるのだ。仮に世界各国の国旗をすべて横一直線に掲げて並べれば、カタールの国旗だけがかなり目立つはずだ。

色は、左端が白いだけであとは赤茶色であり、それぞれの色の境界線は9つの頂点を持つジグザグの線になっている。これは、カタールとバーレーンと7つのアラブ首長国連邦の血のつながりを表現しているという。

じつはカタールの国旗の赤茶色は、本来は真っ赤だった。それが中東特有の強い日差しに焼けて赤茶色になることが多く、いつの間にか赤茶色として定着したのである。

国旗の色やかたちには決まった規定はない。だから、こんな〝異色〟な国旗が生まれることもあるのだ。

第4章

デキる大人は知っている！教養が深まるかたちの話

ペストの医師のマスクはなぜくちばし形？

古来より何度か人類に襲いかかり、パンデミックを引き起こしたのがペストだ。新型コロナウイルスが世界に蔓延する現代、過去のペスト禍を振り返る試みも多くなされている。

ところで、過去にペスト禍を描いた絵画などを見ると、当時の医師たちは長いくちばしのかたちをしたマスクで顔を覆い隠している。あれはいったい何なのだろうか。

このマスクは17世紀のフランスの医師シャルル・ド・ロルムが考案したといわれる。

当時、ペストは空気を介して感染すると考えられていた。そこで、この異様なマスクが考え出されたのだ。

マスクの鼻の長さは15センチで、中に香料を入れて、息とともにその香りを吸い込むようになっていた。それでペスト菌から身を守ることができると考えられていたのだ。

そのために、そのマスクはヨーロッパの医師たちの間に瞬く間に広まり、それが今では中世におけるパンデミックの〝象徴〟になっているのだ。もちろん、そのマスクに医学的な根拠はない。

逆にいえば、医学的な知識のなかった時代の人々が、パンデミックのなかでいかに悩み苦しみ、間違った考え方にも飛びつかざるをえなかったともいえるのだ。

ヨットの帆はそもそもなぜ三角形なのか？

大海原の波をかき分けて悠々と進むヨットを想像するとき、何を思い浮かべるだろうか。やはり、大きな三角の帆をイメージするのではないだろうか。

ヨットの帆はなぜ三角形なのか――。じつは結論からいうと、必ずしも三角形である決まりはなく、四角形のものもある。だが、風を受けて進むには三角形がもっとも理想的なのだ。

ふつうに考えれば、ヨットは向かい風の場合は前に進むことはできない。だが、風上に対して帆が45度前後の角度であれば、前に進むことができる。

ここで得る揚力は飛行機が飛ぶのと同じ理屈である。帆が海風をはらんで飛行機の翼のようになり、その向きを変えていくことで、たとえ逆風でもジグザクに前に進めるというわけだ。

そして、この効果をもっとも得られるのが3つの角をもつ三角の帆なのである。

しかも、このような理論が発見されたのは遥か古代で、紀元前1000年頃にはポリネシアの民たちがすでに逆三角形をした帆を張った船を操っていた。

大航海時代よりも遥か昔から人々は風にさからって海を渡っていたというわけだ。

船の窓の多くがまるい理由

船の窓は、ほとんどがまるいかたちをしている。豪華客船の窓から水平線を眺めているといかにも優雅な船旅をしている気分になるが、しかし、なぜ船の窓にはまるいものが多いのだろうか。なぜ、四角ではいけないのか。

じつは、まるい窓は船を守るための重要なかたちなのだ。

船は、常に外側から波の影響を受けている。もちろん大きな波もあれば小さな波もある。大小の力が次々と加わり、船体は大きな衝撃に翻弄されているといってもいい。

そこで考えてみてほしい。仮に窓が四角形だと、窓枠に波の力が均等にかからない。直線部分や角の部分で圧力に差が生まれるからだ。それによって金属疲労が起こりやすくなり、船体へのダメージが大きくなるのだ。

その点、まるい窓には力が均等に加わる。だからよけいなダメージを受けにくくなり、船体の耐久性が増すのである。

+、−、×、÷、=の意味は?

あまりにも当たり前すぎて、なぜそのかたちなのかを考えたこともない記号のひとつに、数学の「+、−、×、÷、=」がある。もちろん、それぞれに誕生の理由がある。

まず「+」と「−」だが、昔の船乗りが、樽に入った飲み水がどこまで減ったかがわかるようにその目印として横棒1本を書き「−」、次に減った分の水を足したときにその横棒に1本の縦線を引いて「+」としていたという習慣があり、そこから生まれたというのだが、ほかにも多くの説がある。

また「×」は、イギリスのオートレットという数学者が十字架を斜めにしたかたちを「×」として使い始めたのがきっかけで生まれたといわれる。それまでは、いちいち「5 multiplied by 6」（5かける6）というように言葉で説明していて不便だったからだ。

「÷」は、もともと「半分」という意味で使われていた記号をラーンという学者が割り算で使ったのが、その誕生のきっかけといわれている。

さらに、レコードという学者が「長さの等しい平行線ほど等しいものはない」という理由で「=」を使い出したのが、「=」の始まりである。

一度にすべての記号が考案されたのではなく、ひとつずつ考え出されてきたというわけだ。なお、どの記号についても諸説があり、いずれも確かなものではない。

♂♀のマークの意味は？

男性を♂、女性を♀と表すマークは万国共通であり、だれもが知っているはずだ。

しかし、それがもともと何を意味しているかは意外と知られていない。男女の身体的特徴を図案化したものだと思っている人も多いが、そうではない。

じつは本来この2つの記号は男女ではなく、金属の種類を表していた。

赤い火星には雄々しくて荒っぽいイメージがあり、その象徴して軍神・マルスと結びつけられ、武器を作る材料となる「鉄」のイメージとなった。

一方、黄色い金星には優美なイメージがある。その象徴として美の女神・ビーナスと結びつけられるようになり、柔軟に色やかたちが変化する「銅」のイメージになった。これらがもとになり、論文などで金属の名前を書くときに鉄を♂、銅を♀と書くようになったのだ。

それを現在のように男と女の象徴として最初に使ったのは、18世紀の植物学者のリンネである。リンネは火星の荒々しいイメージから♂を「男性」、金星の美しいイメージから♀を「女性」として使ったのだ。それがいつのまにか定着して、現在も使われているのである。

天体→金属→性別というふうに、象徴するものが変化した、じつに珍しい記号なのだ。

ルートが√になったのはなぜ？

数学にはさまざまな記号が使われるが、なかでも特徴的なのが「√」だ。ルートという言葉から、「道」を意味するルート（ｒｏｕｔｅ）と関係があると考える人も多いようだが、じつは違う。

√が表しているのは、ｒｏｏｔである。この言葉の複数形であるｒｏｏｔｓは、ご存じのように「根、根本、根源」などの意味を表す。

方程式を満たす値を「根《こん》」というのは学校で習ったとおりだが、たとえば「2は4の平方根である」という使い方をする。これを英語では「Two is the square root of four.」と表現する。

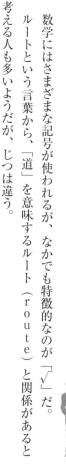

つまり、ｒｏｏｔが使われているのである。

そこでルートを記号化するときに、その頭文字である「ｒ」をもとにして√という記号がつくり出されたのだ。

奇妙なかたちがゆえに数学の苦手な人はつい敬遠しそうだが、しかし由来を知ってみると、√の計算もすこしは身近に思えるのではないだろうか。

温泉マークの３本の湯気の長さには決まりがある!?

このマークを見ているだけで、温泉に浸かってのんびりしている気分になるという人も多いだろう。それがいわゆる温泉マーク「♨」だ。
このマークには湯気が３本立ち昇っている。これにはじつは深い意味があるといわれている。
まず、「旅館に来たら3回は風呂に入ろう」というメッセージだ。たしかにせっかく温泉地に来たのだから1回だけではもったいない。３回といわず、何回でも入りたくなるのが温泉だ。

もうひとつは、入浴時間を示しているという説だ。じつは目を凝らして見てみると、「♨」の湯気の長さは左から「中・長・短」になっている。これは「5分・8分・3分」という、もっとも健康的な入浴時間を表しているというのだ。

たしかにそういわれてみると、そのとおりに入ってみたくなる。どちらが正しいかはわからないが、温泉好きの心をくすぐることは間違いない。

なお、このマークが、いつ、どこで生まれたかには諸説ある。

江戸時代初期に群馬県磯部温泉で使われ出したという説から、由布院温泉の基礎を築いた商人が考え出したという説、そして19世紀にドイツで使われていたのを日本が取り入れたという話もあるが、どれが真実かは今もわかっていない。

寺院の地図記号「卍」がもつ意味は？

寺院を表す「卍《まんじ》」の地図記号は、ナチスドイツを連想させる。じつは2016年

に、ヨーロッパの人たちに嫌悪感を抱かせるのではないかという意見が出て、この記号を変更するという案が国土地理院から出されたことがある。

西洋社会ではナチスの象徴であるハーケンクロイツ（カギ十字）はタブーだ。来る東京オリンピックに向けて外国人に配慮したものだったが、結局は見送られている。もともと卍には、それを選ぶうえでの理由があったのだ。

この記号が採用されたのは明治13年（１８８０年）のことである。

本来、古代インド語であるサンスクリット語では、卍には「幸福」というおめでたい意味がある。

仏教やヒンズー教では「吉祥の印」とされ、寺院仏閣にはこの印が刻印されていることが多い。このことから、日本の地図記号として卍が採用されたのである。

そのような正当な理由がある以上は、いまさら変更するのはむずかしい。結果、現在もこの記号が使われているのだ。

ちなみに、ナチスドイツがハーケンクロイツを象徴に選んだ正確な理由はわかっていない。

前方後円墳が〝鍵穴〟のかたちをしている意味とは？

古墳は3～7世紀頃の権力者が埋葬されている墓だが、その数はなんと全国に約16万基もある。

なかでも有名なのは、世界遺産にも登録された巨大な大山古墳（仁徳天皇陵）だ。円と長方形がくっついたような特徴的なかたちは前方後円墳と呼ばれている。

しかし、なぜ墓がこのようなかたちである必要があるのだろうか。

その理由は、建造されたのが文献などがない時代なのではっきりしていないのだが、定説ではもともとは円いかたちだったのが変形したと考えられている。

古墳時代の前の弥生時代は、有力者の墓というと土を盛った円いかたちをしていた。そして、円墳の周りにはぐるりと堀が巡らされていた。

この堀の一部に何らかの理由で土が入り込み、土の橋のようになる。これが発展して鍵穴のかたちになったという説が有力なのだ。

だから、墓の部分は円形のほうで、長方形のほうは祭壇になっている。古代中国では円形は天を表していて、亡くなった王は天に葬られることによって神になるということを意味しているのだという。

だが、鍵穴のかたちをした墓は中国にはなく、日本独自のものだ。また、「前方後円墳」という名前も江戸時代にとりあえずつけたものがそのまま使われているのだとか。

果たして、前方（前が四角）で後円（後ろが円形）が正しいのかどうかも定かではないのだ。

ピラミッドはなぜ四角すいなのか？

砂漠にそびえるクフ王のピラミッドは、もっとも有名なエジプトの観光スポット

だ。遠くから眺める三角形の姿も壮観だが、真上から見るとクフ王のピラミッドは正四角形でこちらもまた美しいのだとか。

この完璧なまでの幾何学的なかたちのモデルとなっているのは、古代エジプト神話に出てくるベンベンという場所だという。ベンベンとは神が最初に降り立った神聖なる丘、つまり原初の丘のことだ。

現在のエジプトの首都カイロ近郊には、かつてヘリオポリスという古代都市があり、そこにあった丘に神が降り立った。

そして、その聖なる場所には再生と復活をつかさどる精霊が宿っていると伝えられていたのだ。

ところで、古代エジプトでは死者はミイラの状態で埋葬される。これは人間が来世も生き続けていくために肉体が必要だからだという宗教観によるものだが、そうなると再生と復活の意味を込めてベンベンを模した王墓をつくったというのは納得である。

しかし、王墓をピラミッドというようになったのはちょっと意外な理由からだった。

紀元前5世紀頃にエジプトに住み出した人々が三角形のパンを食べていて、それを「ピラミス」と呼んでいた。そこから、ベンベンのかたちを模した王墓をピラミッドというようになったのだ。

古代のエジプト人はかなりの三角好きだったようである。

塩の結晶はなぜ正六面体なのか

塩の結晶と聞いて、どんなかたちを思い浮かべるだろうか。

じつは塩の結晶の基本形は、サイコロのような正六面体をしている。塩はナトリウムと塩素が結びついてできているのだが、顕微鏡で見るとナトリウムイオンと塩素イオンが規則正しく並んでいるのがわかる。

イオン同士が結合するときに結合力がどの方向にも等しく働くので、整った正六面体になるのだという。

しかし、結晶がつくられる条件が違うと、特殊なかたちに結晶が成長することもある。

トレミー状と呼ばれるピラミッド型、薄い板のようなフレーク状、そして球状、柱状、樹枝状など、基本の結晶から派生したものも多い。

この結晶のかたちは、味を左右する重要な要素にもなる。

たとえばフレーク状やピラミッド型の結晶はサクサクとした食感になるし、パウダー状の結晶なら歯触りはないために味に印象を残さない。

また、粒の大きいものは口の中で溶けるのが遅いので、口当たりはまろやかに感じられるし、小さいものはさっと溶けるので口の中の塩分濃度が急激に上がり、塩気を感じやすいのだ。

料理や好みに合わせて食材や調理方法を選ぶのと同様に、塩の結晶を見て使う料理や場面を選んでみると、料理の腕がワンランク上がったように感じるのではないだろうか。

雪の結晶はなぜシンメトリーなのか

「雪は天から送られた手紙である」

そんな言葉を残したのは、科学者の中谷宇吉郎だ。

中谷は雪の研究に生涯を捧げ、世界で初めて雪の結晶を人工的に作り出すことに成功した。

自然が作り出した芸術である雪の結晶にはひとつとして同じものはないが、そのパターンは樹枝状や角板、角柱などに分けられる。

どのかたちにも共通するのが、結晶の頂点を結んだらシンメトリーな六角形になることだ。

それが樹の枝のような繊細なかたちになるか、板状になるか、あるいは柱状になるかは結晶ができる地点の湿度と温度によって決められる。

雪の結晶と聞いていちばん先に思い浮かぶ樹枝状の結晶は、温度がマイナス15度前後、湿度が１１０％以上という条件がそろったときに生まれる。

シンメトリーになる理由は、雪の結晶が上空から舞い落ちながら結晶化するところにある。

結晶は空気抵抗を受けながら落ちるため、くるくると回転する。そのせいで、結晶化する条件が均質化されるので、どちらかに偏らない対称なかたちに育つのである。

樹枝状構造の枝の１本１本に注目すると、それぞれの枝についているさらに細かい枝の位置関係も驚くほど線対称になっていることがわかる。

都会でも雪が降っている日に外に出ると、コートなどに落ちた雪の結晶を肉眼で観察できることもあるので、ぜひ試してみてほしい。地上付近は温度が高いため、先端はかなり丸くなっているが、それでも神秘的なシンメトリーを実際に確認できる貴重なチャンスだ。

木の年輪が方位磁石代わりになるというのは本当か

森の中で道に迷ったとき、方位磁石を持っていない、太陽も星も出ていないとなったら切り株を探すといい。年輪の幅が広くなっている方が南だ――。

これはよく耳にする雑学ネタだが、じつは間違っている。

通常、平地で育つ木の年輪は同心円状に広がっていく。年輪にゆがみが生まれるのは、主に山の斜面などに生えている場合だ。

斜面に生えている木は、その傾きに耐えてまっすぐ上に伸びていけるように常に踏ん張っている状態にある。そのために土中に根っこをしっかりと張り、力がかかる部分を支えることになる。

ちなみに斜面の山側と谷側、どちらの方向に年輪がゆがむかというと、なぜか針葉樹と広葉樹では逆になる。広葉樹は山側に力がかかって広くなり、針葉樹は谷側に力がかかって広くなっているのだ。広葉樹は山側に重心をかけて幹を引っ張り上げようとして、針葉樹は幹が下向きに傾かないように谷側の足を踏ん張るイメージだろうか。

林業に携わる人たちは、年輪のゆがんだ部分を「アテ」と呼び、ここは硬くて加工しづらく、寸法も狂いやすいので嫌う傾向があるという。木はそれくらい力をかけて幹がまっすぐ伸びていけるようにしているのだ。

ところでなぜ、冒頭のような俗説が生まれたのかはわからないが、山の斜面で樹木がよく成長できるのは南側の斜面で、そこに生えていた針葉樹の切り株を見た人がそう思い込んでしまったのかもしれない。

進む？　止まる？
点字ブロックには2種類の意味がある

目の不自由な人にとって大切なのが点字ブロックだ。正式には「視覚障害者誘導

用ブロック」という名称で、視覚に障害がある人は白杖や足の裏で突起を確かめながら歩く。

その点字ブロックには2種類ある。ひとつは、線状の突起が並んでいるもので、そしてもうひとつは、丸い点状の突起が並んだものだ。

線状のほうは、進行方向を示している。線は道が伸びている方向につくられているので、目の不自由な人でもどちらの方向に進めばいいかがわかるのだ。

一方、点状のほうはというと危険な場所や、施設、階段、横断歩道、駅のホームなどに設置されており、注意を促すためのサインになっている。

線状の突起をたどって歩いている途中で点状の突起に変わったら、そこには何かがあるという合図だ。次にどんな動きをすればいいかの対応ができるというわけである。

この点字ブロックが誕生したのは日本だが、今や海外にも広まっている。多くの人がその用途を理解して、正しく使われる世の中になってほしいものだ。

函館にある五稜郭はなぜ星のかたちをしているのか

五稜郭といえば、幕末の戊辰《ぼしん》戦争に連なる箱館戦争の戦場になったところだ。旧幕府軍と新政府軍が激突し、新選組の副長だった土方歳三終焉の地としても知られる。

東京ドームの約３倍の敷地面積があり、観光地としても人気の五稜郭は、上から見ると星のかたちをしている。約１６００本のソメイヨシノが植えられた桜の名所ともなっており、そばに立つ五稜郭タワーの展望台からの景色は人気の撮影スポットにもなっている。

五稜郭は蝦夷《えぞ》地の守りを固めるために江戸幕府によって建設された建物で、星形の設計にも軍事的な意味がある。星形の５か所の先端には砲台が設置されており、ぐるりと周囲を警戒することができる。敵からの攻撃に対して死角をつくらないための構造になっているのだ。

これは15世紀のイタリア発祥で、ヨーロッパ各地で取り入れられた星形要塞と呼ばれる建築様式に基づいた設計だ。同じような意図で設計されているのが、アメリカの国防総省である。

「ペンタゴン」と呼ばれる五角形の建物は、死角をなくし、視野を広くとれるように設計されているという。

五稜郭は日本で最初に西洋の建築技術を取り入れて設計された城であり、防衛という同じ目的で建てられたことを考えれば、五稜郭とペンタゴンに共通点があるのは不思議ではないのである。

クレムリンの塔はなぜタマネギ型をしているのか

ロシアと聞いてだれもが思い浮かべる風景のひとつに、クレムリン宮殿がある。

首都モスクワの中心を流れるモスクワ川のほとりにある旧ロシア帝国の宮殿で、遠い昔の帝政時代の郷愁を誘うすばらしい建築物だ。

建てられたのは15世紀で、宮殿や寺院、塔が並び、旧ロシアの政治と宗教の中心地だった。現在は世界遺産に指定されている。

ところで、クレムリン宮殿を見ると、多くの人が「なぜ宮殿の屋根がタマネギのかたちをしているのだろう？」と疑問を抱くのではないだろうか。宮殿の荘厳な雰囲気の中にあって、巨大なタマネギに違和感を持つ人も少なくない。

しかし、それは勘違いである。あれはタマネギを表しているのではなく、ロウソクの炎なのだ。

もともとはロシア正教の教会建築の特徴のひとつで、ロシア正教の教会では必ず、お菓子のようにカラフルな色彩のあの屋根が見られる。大きなかたちのものは「クーポル」、小さいものは「ルーコヴィツァ」と呼ばれる。

教会で人々が祈りを捧げ、その祈りが神様に届くようにという思いをこめたかたちだといわれるが、雪の多い土地なので雪が積もらないようにするための設計でもあるのだ。

そう思いながらクレムリン宮殿を眺めると、またひと味違った感慨にひたれるはずだ。

第5章

〝ヘン〟なものには理由がある！
気になるあのかたちのナゾ

コックの帽子が長い理由

レストランの厨房などで働く料理人たちの中で、誰が一番上なのかというのをひと目で見分ける方法はといえば、かぶっている帽子の高さだ。

たとえば、日本の高級ホテルの代表格である帝国ホテルの場合は、料理人見習いは18センチ、7年以上のキャリアがあれば23センチ、料理長以上は35センチという決まりがある。

狭い厨房の中で、なぜわざわざ長いコック帽をかぶるのかといえば、その由来には2つの説があるのだという。

ひとつ目は、18世紀末から19世紀前半にかけて活躍したフランスのシェフ、アントナン・カレームがレストランの客がかぶっていた白いシルクハットの山高帽を気に入り、それをまねたものを厨房でかぶり始めたというものだ。

カレームは「国王のシェフかつシェフの帝王」と呼ばれた有名シェフで、料理専門書も多数著しており、その影響力の高さから長いコック帽が徐々に広がっていったとされている。

もうひとつは、フランス近代料理の父と呼ばれるオーギュスト・エスコフィエが始めたとする説だ。

19世紀末から20世紀にかけて活躍したエスコフィエは、フランス料理に「コース」というスタイルを導入し、ホテル・リッツの総料理長も務めた。料理にかけては他の追随を許さないエスコフィエは身長１６０センチ未満で、西洋の男性にしてはかなり低かった。

そこで、エスコフィエは厨房の中で自分の姿が目立つよう、かつ威厳を増すために背の高いコック帽をかぶるようになったというのである。

いずれの説をとっても、最初はおしゃれ心や自尊心を満たすために始まったというのが面白い。掘り下げてみたら意外と浅い理由だったというのが、伝統と秩序を重んじる料理人の世界とのギャップというところだろうか。

四角いかたちなのにボクシングやプロレスのリングはなぜ「リング」という？

ボクシングやプロレスの闘いの場といえば、ロープが張られた四角いリングである。

だがリングと聞けば、ふつうは「輪」を指すものだ。なぜ、まるくもないのにリングと呼ばれているのか。これにはボクシングのルーツが関係している。

ボクシングはそもそも今のようにグローブを使う競技ではなく、素手でどちらかが倒れるまで殴り合うというものだった。

このとき、ギャラリーが対戦中の2人に接近しすぎないよう、観客が2人のまわりを円形になって囲むのがお約束だった。この状態が「リング」という言葉の発祥だといわれている。

やがてリングは、見やすさを重視して高さのある舞台へと進化した。その際、観客の代わりに杭を打ち込んでロープで囲ったのだが、まるいとどうもロープで囲みにくい。そこで、４本の杭を立てるようにしたため、おのずと四角いリングに落ち着いたのだ。

ちなみに現在、ボクシングもプロレスもリングの大きさはおよそ6メートル四方だが、張られているロープの数は1辺がボクシングの４本に対し、プロレスは３本である。これは、プロレスにはロープを使った見せ場や技があるからだ。

打ち上げ花火の花火玉が丸いのは日本だけという理由とは？

夜空に打ち上げられた色とりどりの花火は、日本の夏の風物詩だ。花火大会は江戸時代に疫病や災害で犠牲になった人々への鎮魂のために始まった。

美しさのなかにもどこかもの悲しい雰囲気が漂うのは、花火に込められた思いが現代まで受け継がれているからだろうか。

花火師たちは打ち上げる花火を、より美しい色で、より美しいかたちに見せることに心血を注いだ。

そして、どこから見ても丸く見え、まさに「花」のようにするために球状の花火玉に緻密な計算をして火薬を詰め込んだのである。

そのため、日本人は花火玉といえば丸いかたちを連想するのだが、海外の花火玉はそうではないのだ。

海外の花火玉は円筒形をしており、火薬の詰め方も日本のような同心円を意識してはいない。筒の中に1色の火薬を詰めたものを発射筒にいくつも押し込んで、連続で花火を打ち上げるのである。

海外の花火は、あくまでも野球やスーパーボウルなどのイベントを盛り上げるための余興で、花火そのものを楽しむ日本の花火大会のような習慣はなかった。

しかし近年、海外でも日本の花火のような丸い花火をつくるところも出てきた。日本の花火師たちが守ってきた鎮魂のための伝統技術は、時代を超えて世界に認められる芸術となっているのである。

東京タワーのかたちはどうやって生まれた？

東京スカイツリーができて以降、テレビの電波塔としての役目を終えながら、今も人気の東京タワーだが、じつはパリのエッフェル塔がモデルになっている。

ただ、エッフェル塔に比べると東京タワーの外観はシンプルだ。どことなく工事現場のカラーコーンを思わせる色合いも、おしゃれというより実用的という感じがする。

それもそのはずで、東京タワーは日本のシンボルとなることをめざしつつも、電波塔としての機能を重視してデザインされているのだ。

東京タワーを設計したのは「耐震構造の父」と呼ばれた内藤多仲《たちゅう》博士で、同時期に名古屋のテレビ塔や札幌テレビ塔、２代目の通天閣など日本各地の６つの電波塔も手がけていて、「塔博士」とも呼ばれている。

地震や台風が多い日本に、当時では世界一となる高さのタワーを建てるにあたり、博士は安全性を第一に設計した。そのためタワーはゆっくりと揺れ、徐々に揺れが吸収される構造になっている。

赤と白の塗装も航空法の規定に沿ったもので、地上60メートルを超える建物はあのカラーと決まっているのだ。

たしかにエッフェル塔に比べると地味な感は否めないが、日が暮れてから赤いライトをまとって浮かび上がるすっきりとしたフォルムの東京タワーはやはり美しい。これからも東京のランドマークとして愛されていくことだろう。

複雑なかたちのファスナー誕生のきっかけは？

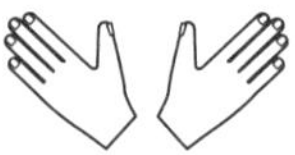

洋服やカバン、ポーチなど、身の回りの品でファスナーを使っているものは多い。金属や樹脂など素材は違っても基本的な構造は同じで、左右のエレメントがかみ合

わさって閉めたり開けたりすることができる。

全世界共通ともいえるファスナーだが、こんな複雑な構造を考えたのはアメリカ人のホイットコム・ジャドソンという人物だ。

彼は靴ひもを結ぶわずらわしさを解消するために、ファスナーの原型になるものを考案した。それがシカゴで行われた１８９３年のコロンビア博覧会に出品され、弁護士のルイス・ウォーカーの目に留まったのである。

ウォーカーはジャドソンに製造を依頼してユニバーサル・ファスナー社を設立し、本格的にファスナーの製造を開始したのである。

その後、より使いやすく改良を重ねたファスナーは、ボタンやスナップなどと違って、引手を持てば簡単に開け閉めできることから、小さな子どもや手先の自由が利かない人にも使いやすく、世界中で使われるようになった。

発売当時は金属製だった素材も、樹脂製やプラスチックなどさまざまな製品が開発されており、より開閉を楽にするための改良も続けられている。

たとえば、２０１９年に日本のトップメーカーであるＹＫＫが発表したのは、閉める際に端のミゾに片方を差し込むという作業をなくし、スナップボタンのように留めるだけでファスナーの開閉が可能になる製品だ。

ユニバーサルデザインは日本の超高齢化社会や、すべての人々が共生できる社会にとって不可欠なものである。１２０年以上前に生まれた小さな金具が、今も人々の暮らしを豊かにし続けているのである。

ワイシャツはいつから今のかたちになった？

ワイシャツは男性のビジネススタイルに欠かせないものとして世界共通のファッションアイテムになっている。前開きでボタンとカフスがついているのがスタンダードなスタイルだ。
日本では「Yシャツ」と表記されているが、じつはワイシャツというのは日本だけの名称なのだ。
東京・銀座にある老舗シャツ店の創業者である石川清右衛門《せいえもん》が海外の「white

shirt」を聞き間違えたことで、ワイシャツという和製英語が生まれている。つまり、ワイシャツはアルファベットのYのようなかたちのシャツではなく、ホワイトシャツという英語からきている名称なのである。

ワイシャツは古代ローマのチュニックが原型となって生まれた。映画やドラマで見るような頭から被る白い布の衣装である。

中世に入ると人々は上下に分かれた服を着るようになり、貴族を中心に襟や袖に意匠を凝らしたデザインが施されるようになった。

時代とともに流行は変わり、襟も大きなレースを折り返したデザインや、あごを覆うほど高さのあるハイネックのヒダがついたものなど、より装飾的なデザインを楽しむものになっていく。

ところが、さすがに大げさなデザインも行きつくところまで行くと、しだいに食事のときなどに邪魔になり、逆にシンプルなものが増えていく。19世紀になると立ち襟や折り襟などのデザインが生まれ、世紀末になるころには現在のワイシャツのようなスタイルに近づいていったのである。

ハンカチはなぜ正方形がいいのか

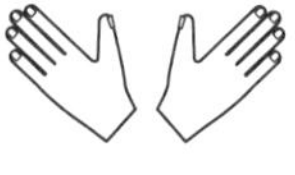

自宅以外の場所で手を洗うとき、何で手を拭いているだろうか。ペーパータオルが備えつけられているところも多いが、やはり身だしなみとしてハンカチは持ち歩きたいものだ。

薄手のコットン素材のものが多いが、ほかにもタオル生地、リネン、シルクなどのものもあり、色柄も豊富で価格も手頃とくれば選ぶのが楽しいファッションアイテムのひとつだ。

しかし、そのかたちは判で押したように決まっている。大きさは違っても、ほとんどのハンカチ製品は正方形なのだ。

畳みやすくて持ちやすいことを考えればじつに機能的なかたちなのだが、いったいなぜこれほどの統一感があるのだろうか。そこには、ひとりの女性の影響が色濃く残っているのである。

その人の名はマリー・アントワネットだ。オーストリア皇女でフランスのルイ16世の妃となり、贅沢三昧の生活が民衆の反発を招いてフランス革命の発端となった女性だ。

当時のフランスではハンカチのかたちはさまざまで、長方形や三角形、まるいかたちのものまであったし、きらびやかな装飾も自在にほどこされていた。

しかし、なぜかこれが気に入らなかったアントワネットは、夫に「ハンカチは正方形であるべき」と進言したという。

そしてそれをうのみにしたルイ16世は、「ハンカチのサイズはタテ・ヨコ同一」という法令を発布したのだ。

にわかには信じられない理由だが、これ以降ハンカチは正方形のものだけが流通するようになり、それが現在まで続いているのである。

ネクタイが今のかたちになったワケ

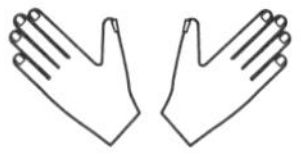

スーツに合わせてワイシャツの襟元を彩るネクタイは長さや太さ、結び方など、流行やこだわりによって楽しみ方が無限に広がるといってもいい。

ネクタイの原型は、中世ヨーロッパで流行していたクラバットというスカーフだといわれ、太陽王と呼ばれたフランスのルイ14世が広めたとされている。

ルイ14世といえば、フランスのブルボン王朝に絶頂期をもたらしただけでなく、文化芸術を愛した偉大な王である。

もちろんおしゃれにも敏感だった彼は、宮廷を警護する傭兵《ようへい》の装いだったスカーフに目を留めた。

それを王専属の仕立て屋に頼んで自分のファッションに取り入れたところ、宮廷を訪れた国内外の諸侯たちの間で流行し、各国に広がったのだ。

クラバットとはフランス語でクロアチア人という意味で、その傭兵がクロアチア人だったことからその名前がついたのだという。

時代が進んで19世紀後半、ビクトリア朝のイギリスではスーツスタイルが定着し始めており、その装いにクラバットは欠かせないものとなっていた。

とはいえ、クラバットはタイというよりもスカーフに近いかたちだったため、シンプルなスーツに合わせるには派手で目立ちすぎる。

そこで、貴族がそれまで首に巻いていたクラバットを改良して、結び目だけを独立させた蝶ネクタイや、太く短いアスコットタイ、そして現在のネクタイのようなフォア・イン・ハンドというタイを生み出した。

ルイ14世によって世界に広まったクラバットはシンプルで粋なおしゃれを好むイギリス紳士たちのために改良され、現在のかたちに変わっていったのである。

シルクハットのかたちの意味は？

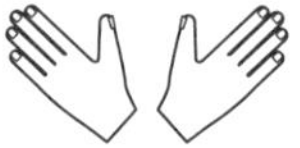

イギリス児童文学の傑作であるルイス・キャロル作『不思議の国のアリス』に登場する帽子屋といえば、マッドハッターと呼ばれるおかしな人物だ。マッドハッターがかぶっているのは、てっぺんが平らで円筒形をしたつばのある帽子で、それこそがシルクハットである。

シルクハットはまさにイギリス紳士の象徴というイメージだが、それはトップハットという種類で、シルクでできたトップハットだからシルクハットというのである。

トップハットの始まりには諸説あり、１７６０年にフィレンツェで考案されたとか、１７７５年に中国で作られたなどいろいろだ。

トップハットはビーバーの皮で作られた高級品で、キツネ狩りの際に馬に乗った貴族たちの頭を落馬の衝撃から守るために使われていた。

材料になるビーバーが乱獲のために絶滅危機に陥り、その代わりとして用いられたのが柔らかくて艶のあるシルクだったのである。

現在では式典などの場で正装するときにかぶるものというイメージが強いシルクハットが、じつはキツネ狩りというスポーツの場で用いられたスポーツウェアのようなものだったとは意外な話である。

とはいっても、当時のキツネ狩りは貴族だけに許された高貴な遊びのようなもので、けっしてカジュアルな場面でなかったことは間違いない。

燕尾服はなぜつばめの尾のように後方が2つに分かれているのか

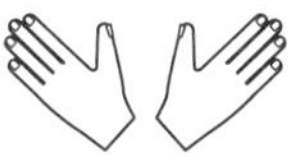

日本でも国賓を招いて皇居で行われる宮中晩さん会や、大臣の任命式などに代表されるような最高ランクのフォーマルな場では、男性の洋装は第一礼装である燕《えん》

尾服《びふく》と相場が決まっている。

燕尾服の一番の特徴は、うしろに長く伸びて二股に分かれた上着の背中だろう。これがあれば、パッとみて燕尾服だとわかる。

燕尾服は、そもそもイギリスの乗馬服として着られていたものが原型となっている。燕尾服の背中側の裾が2つに分かれているのは、馬に乗るときの足さばきをよくしてまたがりやすくするためだ。また、前側は動きの邪魔にならないように短くデザインされている。

乗馬は貴族のたしなみであり、王宮まで乗って行ったあと、すぐに王の前に参上することもあった。そのため、乗馬のためにデザインされた服であっても礼服として扱われたのである。

英語の名前は「スワローテイル」で、その見た目のとおり、つばめの尾だ。外国でも軍人ではない男性の第一礼装は燕尾服であり、昼夜関係なく用いられるしきたりになっている。

また、燕尾服に準ずる礼装であるタキシードは、燕尾服の特徴である長い上着の丈を短くカットしてデザインされたもので、カジュアルな装いとして欧米の紳士たちに人気となった。

タータンチェック柄はなぜ生まれた？

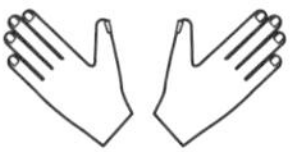

タータンチェックはスカートやマフラーなどの柄として定番の人気を誇っている。色や太さの違う帯を重ねて生み出されるのは伝統的なイメージの格子模様で、トラッドファッションにぴったりのモチーフだ。

ところで、タータンチェックというのは日本で使われているファッション用語で、本場イギリスをはじめとする海外では、タータンという名称が使われている。発祥の地はスコットランドだ。

スコットランドでは伝統の模様として厳格な決めごとがあり、まずタータン登記所に申請して登録しない限り、タータンと称することはできない。

タータンは16世紀にスコットランド地方で生まれたという説が有力で、当時の民族衣装にこの模様が使われていたのがはじまりとされている。

スコットランドの名のある士族たちは、クラン・タータンと呼ばれる一族を象徴するタータン柄の衣装を身に着け、ときには戦地に赴き、そしてときには一族の行事に集まっている。

また、ディストリクト・タータンと呼ばれるその地域に根差した伝統柄やスコットランド以外の国や州、都市などが公式のタータンを持っている場合もあるという。

さらには軍隊用のミリタリー・タータンもあり、日本で特に人気のある黒とグリーンのブラックウォッチと呼ばれるタータンは、ブラックウォッチと呼ばれた連隊の名をそのまま取ったミリタリー・タータンの一種である。

そのほかにも、王家が使用するロイヤル・タータンやフォーマルな装いに用いられるドレス・タータン、イギリスの代表的ブランドであるバーバリーが使用しているようなファッション・タータンなど、数え上げればきりがないほどのタータンが存在している。

色や模様の組み合わせにはそれぞれ意味があり、単なるおしゃれを超えた民族の伝統を伝える大切なファッションなのである。

ハイヒールの起源は美とは無縁の時代背景にあった！

かかとが細く長いハイヒールは、足元のおしゃれにこだわりのある女性なら一度は履いたことがあるアイテムだろう。

いったいどうやって立つのかと思うような細くて高いかかとのピンヒールで歩く人もいるし、そこまでいかなくても、ハイヒールを履くとすらっと脚長に見えるのがうれしいものだ。

ファッション上級者には欠かせないハイヒールではあるが、じつはその誕生のきっかけは美とは無縁の社会事情にあったという説がある。

現在のようなパンプスタイプのハイヒールが生まれた17世紀のフランスは、現在と比べると信じられないほど衛生状態が悪かった。トイレは存在せず、人々はおまるのような容器に用を足し、なかには溜まった汚物を道に捨てるけしからん輩もいたという。

当然、道を歩くときは汚物で洋服を汚さないように気をつけなくてはならない。そこで、裾が長いスカートを履いていた婦人たちは、かかとの高い靴を履いて服が汚れないようにしていたという。

これがハイヒールのはじまりだというのだ。

この説の真偽は定かではないものの、ハイヒールがこの時代にファッションとして取り入れられるようになったのは明白だ。

その立役者が太陽王ルイ14世で、背の低さがコンプレックスだったという彼は、スタイルがよく見えるように人前に出るときにハイヒールを履いていた。フランスのルーヴル美術館に収蔵されている有名なルイ14世の肖像画にも、王がハイヒールにタイツという姿で描かれているのがわかる。

政治の世界だけでなく、文化や芸術にも絶大な影響力があった王のマネをしようと、ハイヒールは男女を問わずスタイルをよく見せるおしゃれアイテムとして貴族たちの間で流行したのである。

ラムネのびんのかたちは充填方法に理由があった

お祭りなどで子どもたちに人気のラムネ飲料は、栓になっているビー玉を中に押し込んで飲む夏の風物詩のひとつでもある。

びんの中に落ちたビー玉がカラカラと音を立てるのも風情があるが、ふたをするだけならほかの炭酸飲料と同じようにアルミの王冠などを使えばいいのではないだろうか。

しかし、ラムネ飲料がビー玉で栓をされている理由はその充填方法にあるのだという。

ラムネをびんに充填するときには、まずラムネ味のシロップを注入する。びんの中の空気の逃げ道をつくったうえで、炭酸水を一気に充填するのだ。

そして完全に空気が抜けて炭酸水がびんいっぱいに注がれたタイミングで素早く

びんをひっくり返す。するとビー玉がびんの中の圧力で、内側からしっかりとびんの口ゴムの部分にはまるのである。

ラムネのびんの特徴ともいえる中央のくびれは、ビー玉が口に落ちる速度を少しでも早くするために落ちる長さを短くするように施された工夫だ。

ラムネは外国から日本に伝わったもので、幕末から明治の頃に長崎や浦賀に持ち込まれた。当初、ラムネのびんはコルク栓のものだったのだが、炭酸が抜けやすいという難点があったために、1872年にイギリスでビー玉栓のびんが発明された。のちに日本でもビー玉栓のラムネびんが製造され始め、庶民の手軽な飲み物として全国に普及していったのである。

パラボラアンテナはなぜ平らではないのか

国土交通省やＪＡＸＡ（宇宙航空研究開発機構）、国立天文台など、衛星を使ったデータ収集を行う機関は、国内外に巨大なパラボラアンテナを設置している。

宇宙からのかすかな電波をキャッチするためどんどんサイズが大きくなっていき、現在日本で一番大きいものは長野県佐久市にあるＪＡＸＡ臼田宇宙空間観測所にある直径64メートルの巨大アンテナだ。

パラボラアンテナは家庭用、業務用にかかわらず、そのほとんどは白色で、おわんのようなかたちをしている。

まず、おわんのかたちだが、受信用のアンテナでは平行に飛んでくる電波を集めて、中心に設置してあるアンテナ軸に集中させる役割がある。

おわんの内側には主反射鏡と副反射鏡があり、おわん型のカーブをうまく利用して受信装置に電波を集中させているのだ。

発信するときも、おわんの中央にあるアンテナ軸１か所に集中させることで、より効率的に電波を送り出すことができる。

テレビなどの電波を受け取るときも、宇宙からの電波を受け取るのも基本的な方法は同じで、よりたくさんの電波を集めたければ受け取るおわんの部分を大きくする必要があるので、研究機関のアンテナはどんどん巨大になっていったのだ。

また、アンテナの色にも意味がある。どうして白が選ばれるのかというと、白は太陽からの熱を吸収しづらいので、屋外に設置するアンテナの色としては最も適しているのである。

逆に、濃い色は熱をよく集めてしまうので、アンテナの色には適さないのだ。

マスクメロンの象徴である〝網の目〟の正体とは

マスクメロンといえば高級フルーツの代表格だが、特徴的なのがその皮に走る網目のような模様だ。

その網目が緻密でくっきりと盛り上がっていることが美味しいマスクメロンの条件だとされるが、網目のできる理由を知ればうなずける。

マスクメロンはまだ小さなうちは網目もなく、ほかのメロンと変わらないのだが成長過程でだんだんと網目ができていく。じつは網目は、大きくなるときに皮に入った〝ひび〟の名残なのだ。

マスクメロンの場合、外側より内側の生育速度が速く、内側から圧力がかかって表面の皮にひび割れが起きる。それを直そうとして修復した跡が網目のようになって残るのだ。

つまり細かく網目が入っているものは、内側の成長がよく、網目がしっかりと盛り上がっているのは修復作用が活発だったことを表しているので、食べても美味しいということになる。

近年ではこの性質を使用して、文字入りメロンという商品を売り出している農園もあるようだ。

あらかじめ文字のかたちに皮を傷つけておくと、そこが盛り上がってメッセージ入りのメロンのできあがりというわけだ。

けっしてお安くないお値段なうえに予約が必要だが、記念日などに贈るオリジナルのギフトとして人気なのだという。

餃子はかたちも意味も じつにめでたい食べ物だった

日本のお節料理のように、正月に食べる縁起のいい中国の食べ物といえば、さぞ豪華で華やかなものなのかと考えてしまうが、じつは手軽で庶民的な人気の食べ物の代表である餃子のことだ。

中国の北部では、旧正月である春節の準備に追われるなか、大みそかになると餃子をつくる。そして、新年を祝う宴席で食べるのだ。

縁起物とされている理由は主に2つあり、ひとつはそのかたちにある。

餃子はまるい皮の中央にあんをのせ、皮を半分に折って包んでつくる。そのかたちは「元宝銀《げんぽうぎん》」という昔の中国のお金を模しているのだという。元宝銀は馬蹄銀《ばていぎん》とも呼ばれ、まさに餃子のようなかたちをしている。

餃子をつくるときにひだを寄せるのも、元宝銀のかたちにより近づけるためだといわれている。

つまり、餃子には金運アップの願いがこもっているのだ。

また、餃子は中国語で「ギャオズ」と発音されるのだが、同じ発音をする言葉に「交子」、つまり子どもを授かるという意味のものがある。金運アップ、子孫繁栄とくれば、一年のはじまりに縁起をかつぐのにふさわしい。

ちなみに、銀に似せるために寄せられていたひだは、美味しさをひきたたせるためにも一役買っている。

ひだをつくることで、皮のつなぎ目がしっかりと固定され、肉汁が外にあふれ出ることを防げるのだ。

また、餃子を焼くと中のあんが膨張する。そこでひだを寄せておくと、皮に余裕が生まれ、あんが膨張したときに破裂しにくくなるのだ。

縁起のよさもおいしさも兼ね備えた餃子は、今や世界中で愛されるようになった。たまには趣向を変えて、お正月のごちそうは家族で手づくりした餃子というのも楽しいかもしれない。

茶畑がかまぼこ型になっている合理的な理由

「摘めよ摘め摘め摘まねばならぬ　摘まにゃ日本の茶にならぬ」は、有名な唱歌「茶摘み」の一節だ。

春が過ぎ、夏が迫ってくる頃になると、美しい緑一面の茶畑が茶摘みの季節を迎えるのだが、ニュースなどで映し出される茶畑を意識してよく見ると、腰の高さほどのかまぼこ型に整えられているのがわかる。

茶畑の多くは山地のなだらかな斜面につくられており、段々畑に緑の茶の木が茂る様子は春の終わりの風物詩ともいえるが、畝《うね》のかまぼこ型にはとある合理的な理由があるのだ。

茶は伸びてきた新芽を刈り取って干してつくる。つまり、新芽がたくさん生えてくれば茶葉の収穫量も多くなる。

そこで、畝をかまぼこ型にすることで木の表面積を増やす。表面積が大きくなれば、それだけ日に当たる部分も大きくなるので、新芽がよく育つのである。

この摘み取り作業には現在では機械が導入されており、かまぼこ型の畝を一気に収穫することができるようになった。急な斜面や機械の入れないような狭い場所では持ち運べる機械やはさみを使い、平坦な場所では人が運転する刈り取り機で一気に刈り取るのだ。

それぞれの機械の刃はかまぼこ型の畝に沿うようにしてつくられており、新芽だけをうまく刈り取ることができるのだ。

機械化される前は、「茶摘み」で歌われたように早乙女たちが籠《かご》を持って手で茶摘みをしていたため、茶畑は現在のものとは違っていた。摘み手たちが茶の木の周りをぐるりと回りながら収穫を行ったため、木は饅頭《まんじゅう》型に整えられ、手の届く範囲で効率的に茶葉を摘み取れるように工夫されていたのだ。

現代でも俳句の季語にもなっている茶摘みの風景だが、世の中の変化につれて目に映る景色は変わっていくのである。

○参考文献

『面白いほどよくわかる発明の世界史』（中本繁実監修／日本文芸社）、『鉄道101の謎』（梅原淳監修／河出書房新社）、『飛行機101の謎』（白鳥敬監修／河出書房新社）、『子どもにウケるたのしい雑学』（坪内忠太／新講社）、『子どもにウケるたのしい雑学②』（坪内忠太／新講社）、『記憶力30秒増強術』（椋木修三／成美堂出版）、『知っていないと恥をかく！　日本人の常識トレーニング』（双樹舎／PHP研究所）、『「日本人の謎」が面白いほどわかる本！』（日本の謎研究会編／ぶんか社）、読売新聞、日本経済新聞、夕刊フジ、日刊スポーツ、日刊ゲンダイ、産経新聞ほか

○参考ホームページ

堺市、栃木県埋蔵文化財センター、学研キッズネット、TOKYO TOWER、産経ニュース、クリアファイルのかさまーと、日本経済新聞、倉敷鉱泉株式会社、トンボ飲料、gooニュース、森印房・はんこ豆辞典、スタディスタイル、公益財団法人・世界緑茶協会、学研キッズネット、一般財団法人・製粉振興会、Forbes JAPAN、ニッポン放送NEWS ONLINE、exciteニュース、All About NEWS、わじま　手ばしや、宮島工芸製作所、マイナビ農業、日本金属洋食器組合、COUNTRY GENTLEMAN、キッコーマン、NHKアーカイブス、静岡県茶商工業協同組合、市川園　お茶ミュージアム、三重県、日本ハム、ENOTECA ONLINE DIAMOND online、acure、宝酒造、LINENEWS　毎日が発見、SANSPO.COM、日本製紙グループ、一般社団法人・日本乳業協会、岡山県立図書館　電子図書館システム　デジ

タル岡山大百科、BSテレ東　新美の巨人たち、GOOD DESIGN AWARD、IECOLLE、Yakult 80th、Jタウンネット　東京都、WORKERS TREND、Made in じゃパン、新宿中村屋、Cafend、奈良県立図書情報館、伊藤園　お茶百科、アスレシピ、じゃらんニュース、FOODIE、野菜中継、livedoor NEWS、FNNプライムオンライン、ねとらぼ、えん食べ、テレ東プラス、キユーピーマヨネーズ、毎日新聞、ダ・ヴィンチニュース、SUNTORY、食品産業新聞社ニュースWEB、東洋経済ONLINE、うまい棒　公式ポータルサイト、TBSがっちりマンデー、Business Journel、日清食品グループ　安藤百福クロニクル、クックドア、YKKファスニングサポート、朝日ファスナー株式会社、西東社、HAT STYLE、週刊現代、Harper's BAZAAR、大和屋シャツ店、ダンディズムコレクション、コダワリスーツ、YAMADAYA Tokyo、5kan.jp、YAMATOMI TECTLI FASHION PRESS、NHK　美の壺、ショップキラキラ本店、神戸大学、海事博物館研究年報　2013、ベネッセ教育情報サイト、北海道大学低温科学研究所、weathernews、さんち～工芸と探訪～、公益財団法人・塩事業センター　塩百科、日経電子版、グルメクラブ、サライ.jp、長野県林業総合センター、吉兵玉井銘木店、三菱鉛筆、日本銀行、四国電力、ワゴコロ、語源由来辞典、国立国会図書館・レファレンス協同データベース、日本の花火、ジグソークラブ、ウォーカープラス、LIFULL HOME'S PRESS、生活110番、パラボラアンテナ・ラヴァーズ、クラシアン　水回りナビ、名刺良品、東京名刺センター、NIE　教育に新聞を、日本新聞協会、煎茶手帖、心斎橋　みや竹、西高蔵印章店、島津製作所、ユニフォームタウン、長野県魅力発信ブログ、トラベルWatch、ノザキのコンビーフ、Ｗｏｒｋｓｈｏｐ ＭＡＧＡＺＩＮＥ、東京スカイツリー、ＮＡＧＩＣＤＯＯＲ、ＮｅｗｓＣｒｕｎｃｈ、日経メディカル、日経スタイル、ＢＩＧＬＯＢＥ、Ｃｏｍｍｕｄｙ、ＮｅｗｓＡＣＴ、ＴＡＢＩＺＩＮＥ、ＡＥＲＡｄｏｔ.、日本部品供給装置工業会、大和ネクスト銀行、タディの国旗の世界、ベルトラオンラインアカデミー、日本視覚障害者団体連合、国土地理院ほか

青春文庫

ドーナツの穴《あな》は何《なん》のため？
「かたち」の雑学事典《ざつがくじてん》

2020年11月20日　第1刷

編　者　知的生活追跡班《ちてきせいかつついせきはん》

発行者　小澤源太郎

責任編集　株式会社プライム涌光

発行所　株式会社青春出版社

〒162-0056　東京都新宿区若松町 12-1
電話 03-3203-2850（編集部）
03-3207-1916（営業部）
振替番号　00190-7-98602

印刷／中央精版印刷
製本／フォーネット社

ISBN 978-4-413-09766-6